高职院校青年教师核心能力素质模型建构及提升策略研究

刘礼艳 著

吉林出版集团股份有限公司
全国百佳图书出版单位

图书在版编目（CIP）数据

高职院校青年教师核心能力素质模型建构及提升策略研究 / 刘礼艳著. -- 长春 : 吉林出版集团股份有限公司, 2022.11

ISBN 978-7-5731-2812-6

Ⅰ. ①高… Ⅱ. ①刘… Ⅲ. ①高等职业教育－教师－教学能力－师资培养 Ⅳ. ①G715

中国版本图书馆CIP数据核字（2022）第231671号

高职院校青年教师核心能力素质模型建构及提升策略研究

GAOZHI YUANXIAO QINGNIAN JIAOSHI HEXIN NENGLI SUZHI MOXING JIANGOU JI TISHENG CELÜE YANJIU

著　　者　刘礼艳
责任编辑　祖航
封面设计　王哲
开　　本　710 毫米 × 1000毫米　1/16
字　　数　224 千字
印　　张　12.5
定　　价　75.00元
版　　次　2023年 9 月第 1 版
印　　次　2023年 9 月第 1 次印刷
印　　刷　北京厚诚则铭印刷科技有限公司

出　　版　吉林出版集团股份有限公司
发　　行　吉林出版集团股份有限公司
地　　址　吉林省长春市福祉大路5788号
邮　　编　130000
电　　话　0431-81629968
邮　　箱　11915286@qq.com
书　　号　ISBN 978-7-5731-2812-6

作者简介

刘礼艳，女，汉族，1987 年 10 月出生，中共党员，湖北随州人，博士研究生。现就职于江苏理工学院，主要从事社会心理学、学习心理学、职业心理学与教师教育方面的研究工作。主持市厅级、校级课题 7 项，参与多项国家级、省部级课题，发表 CSSCI、核心期刊多篇，参编著作 2 部，曾获苏州市自然科学优秀学术论文评选三等奖、常州市哲学社会科学优秀成果奖三等奖等多个荣誉奖项。

作者简介

[illegible]

前　言

教育大计，教师为本，教师是立教之本、兴教之源。职业教师是职业教育质量的第一质量。2019 年 1 月，《国务院关于印发〈国家职业教育改革实施方案〉的通知》上提到实施职业院校教师素质提高计划，探索组建高水平、结构化教师教学创新团队。教育部、财政部出台的《关于实施职业院校教师素质提高计划（2017—2020 年）的意见》指出，通过示范引领、创新机制、重点推进、以点带面，切实提升职业院校教师队伍整体素质和建设水平，加快建成一支师德高尚、素质优良、技艺精湛、结构合理、专兼结合的高素质专业化的“双师型”教师队伍。那么什么是高素质专业化的高职教师，高职教师的核心能力素养是什么？厘清这个问题，对于培养高素质专业化的高职教师具有里程碑的意义，因为只有知道培养什么，才能有针对性地去培养。

在当前大力发展职业教育的时代背景下，深入分析高职教师核心能力素质的内涵、构成要素及发展路径是非常有必要的。本书聚焦高职院校青年教师核心能力素质模型建构及提升策略。从最初的查阅文献了解高职院校青年教师核心能力素质的研究现状；到之后的访谈提纲的编制和正式访谈的进行；再到之后在访谈基础上进行了问卷编制，发放编制的问卷和高职院校青年教师核心能力素质的影响因素问卷，分析问卷得出研究结果；到最后的整合成文。这一路走下来收获颇丰，感触最深的还是访谈的过程，接触到真实的高职院校青年教师，了解他们的工作环境、工作近况。采用关键事件访谈法深度探查他们感到成功的事件和感到失败的事件，感情随着他们的讲述而起伏，为他们成功的事件感到高兴，为他们感到失败的事件感到遗憾。从他们成功的事件或感到失败的事件中体会和提取他们的核心能力素质，为他们遇事的机智感到敬佩，为他们热爱学生的事件所感动。在这些青年教师身上，看到了职业教育未来的光明之路。但同时，通过访谈，也体会到高职院校青年教师在发展的过程中也有迷茫的时候，也有事业遇到瓶颈的时候，也有诸多困难不知道怎么克服。这些困难一方面需要高职院校青年教师发挥主观能动性，迎难而上，攻坚克难；同时也需要高等职业院校和领导同事的社会支持。完成研究的过程，也是我人生成长的过程。从高等职业院校的青年教师身上，我也看到了自己的影子，他们的事例鼓励我更好地面对工作中的困难，坚守教育初心，潜心立德树人，运用教育智慧书写美好职业生涯。

此书的面世，得益于多方的支持和帮助。本书得到了江苏省教育科学“十三五”规划重点资助项目“高职院校青年教师核心素质模型建构及提升策略研究”（C-a/2016/03/15）和江苏理工学院社科基金项目“高职院校专业教师能力素质模型构建及应用研究”（KYY20504）等项目基金的支持。同时在研究进展过程中，团队成员俞亚萍老师在研究对象的选择和问卷的发放方面提供了诸多的帮助，胡维芳老师在本书的框架和内容的充实方面也提供了诸多的指导和帮助，在此一并感谢！

读者是最中肯的批评者，虽然我已然尽力完善本书，但由于本人水平有限，错误和问题难免，恳请各位读者批评指正。

刘礼艳
2022 年 8 月于江苏理工学院

目　录

1 导 论

教育是立国之本，是国家百年大计，若能奠定优质的教育品质，就能提升国家竞争力。高等职业教育已逐步成为我国高等教育的重要组成部分，但其师资力量不足、教学质量不高的问题成为制约发展的瓶颈。《中国教育改革和发展纲要》强调指出，振兴民族的希望在教育，振兴教育的希望在教师。20 世纪 90 年代以来，我国高校教师队伍面貌发生了巨大变化，大批青年教师走上教学和科研第一线，成为高校教学和科研的重要力量。教师是办学的基础和关键，青年教师的成长和发展成为迫切需要解决的问题。《中共中央国务院关于全面深化新时代教师队伍建设改革的意见》指出，要全面提高职业院校教师质量，建设一支高素质双师型的教师队伍。青年教师的核心素质提升关系着教育的品质，且高职院校青年教师的核心素质关系着青年教师的专业发展与教师个人生涯规划。所以对于如何培养优良的师资和提供教师适切的核心素养提升策略，是国家培育人才的基础，也是社会及教育界普遍关注的议题。对高职院校教师核心素质模型建构及提升策略研究，源于职业教育发展与经济社会发展的现实需求，符合新时代师资队伍建设的总要求。导论部分主要对本选题的研究背景、文献综述、研究目的与价值、研究思路与方法等作出说明。

1.1 研究背景

1.1.1 国家职业教育改革发展的需要

“新时代我国社会主要矛盾是人民日益增长的美好生活需要和不平衡不充分的发展之间的矛盾”，十九大报告明确指出，“建设教育强国是中华民族伟大复兴的基础工程，必须把教育事业放在优先发展位置，深化教育改革，加快教育现代化，办好人民满意的教育。”伴随着我国经济社会发展进入新的时代，产业升级与技术更新迭代的速率明显加快，社会对于技能人才的需求越来越紧迫，职业教育的价值功能更加凸显。但是，与发达国家相比，与建设制造强国、建设教育强国的要求相比，我国职业教育领域的矛盾尤为突出，主要表现在人民群众对职业教育的期待与当前职业教育发展不平衡不充分之间的矛盾。站在新时代的起点上，我们必须重新审视职业教育的主要矛盾，加快发展现代职业教育，既有利于缓解当前就业压力，也是解决高技能人才短缺的战略之举。深化职业教育改革，可以为其他教育改革探索经验，有效缓解高考压力，为学生提供多样化成长成才路径，大幅提升新时代职业教育现代化水平。把职业教育摆在教育改革创新和经济社会发展中更加突出的位置。没有职业教育，现代化就没有教育现代化。步入新时代，新产业、新技术、新业态的迅猛发展，经济发展模式转型、“创新驱动战略”、“中国制造 2025”都将对职业教育的教育教学理念、教育内容与模式、学习方式等带来革命性的影响；培养多样化、高素质技术技能人才的需求对职业教育教师队伍的能力和素质提出了前所未有的新要求与新挑战[①]。新时代的职业教育发展必须坚持质量第一的理念，其关键在教师。

既然教育牵动着国家人才的培育与经济脉络，而一个国家竞争力的强盛主要靠的也是拥有优秀卓越的人才，教育的发展与革新也就成为世界许多国家迈向 21 世纪增强竞争力的重要改革方向。面对世界各国愈来愈重视教育品质的全球化竞争，具体而有效的协助教师提升核心素质显得日趋重要。教育改革的理想要能实现，必须将每一个改革层面回归到执行的层次上来，改革要能落实在教学表现，惠及学生的学习成就上面，才算收到成效。而良好的教师专业素养，可形成良好的教学氛围，教师的核心素质与教师的教学效能有正向的相关。

职业教育与普通教育是两种不同教育类型，具有同等重要地位。职业教育的教育理念主要是职业院校的学生，经过专门技术技能训练与职业教育后，习得一技之长，以满足其个人在毕业后的就业需求。于个人而言，是个人通过性格、能力、兴趣的选择后，所从事对于未来生涯发展所需而进行的教育学习。就国家社会的角度而言，国家通过大力发展职业技术教

① 高鸿．新时代推进职业教育教师队伍建设的思路与路径 [J]．中国职业技术教育，2017（34）：116-120.

育，解决了国民的就业问题，也为经济社会发展提供了所需的技术人力资源。2018 年，全国有职业院校 1.17 万所，年招生 928.24 万人，在校生 2685.54 万人，其中，高职（专科）院校 1418 所，年招生 368.83 万人，在校生 1133.7 万人，招生和在校生分别占高等教育的 46.63%、40.05%。我国已建成了世界上规模最大的职业教育体系，高等职业已占我国普通高等教育的“半壁江山”，每年有近 300 万家庭的子女通过职业教育实现了拥有第一代大学生的梦想。

高职院校不管在教育模式上、人才培养目标上，更加需要注重教育的实用性、人才发展的综合性，所以高职院校对于青年教师核心素质提升的要求更加复杂多元。高职院校与普通院校的主要区别，在于学校同社会、地方政府、企业联系紧密。具体来说，高职院校与普通高校的差别，绝不仅是产学合作项目的多少，或者学生实践活动的占比。二者在服务面向、培养模式、课程体系、实践教学、师资队伍等多方面存在差异。后者重视学校设定的培养目标，按照学科知识体系由学校组织理论加实践教学，实践是对学科知识的分散性验证。强调人才培养对地方经济和市场需求的支持，课程按照行业需求和职业标准重构知识体系，由企业和学校双主体合作培养，学生实践是基于职场文化和工作环境的真实体验，教师要求有行业背景和解决问题的应用能力[①]。国外在高职院校改革上，也都是以全面促进教师核心素质提升作为提高学校教学质量、人才培养质量的主要方式。受国外经验的启发，我国高职院校就更加重视教师核心素质提升问题。高职院校虽然已经初步实现产业、教学以及研究等多方面内容的融合，但是专业教师数量的不足或者教师核心素质提升水平不高，使得高职院校在人才培养上陷入“巧妇难为无米之炊”的尴尬境地。因此，促进高职院校教师的核心素质提升才是实现高等职业教育人才培养目标、实现真正产教融合发展的根本举措，只有加快高职院校教师在教育、人才培养理念从理论型向应用型、从单一培养向复合型培养转变，才能够使得高等职业教育发挥出其满足地方经济、社会、企业发展上的人才需求。

《国家职业教育改革实施方案》指出，要多措并举打造“双师型”教师队伍，实施职业院校教师素质提高计划。高职院校肩负职业教育与高等教育的目标和使命，既要培养产业行业需要的“大国工匠”，也要辅助社

① 余江．中职学校教师人力资源开发研究［D］．南昌：南昌大学，2021.

会发展与产业升级，同时促进科研和技术的互动与升级。培养“大国工匠”需要“工匠之师”，职业教育教师队伍建设对于科教兴国战略、人才强国战略有着重大的意义。“工匠之师”是高等职业教育发展的第一资源，直接决定了人才培养质量。随着产业转型升级，新业态对高职教师提出了成为“工匠之师”的新要求。职业教育是高技术技能人才的孵化器，只有高素质的“工匠之师”才能培育具有创新精神的“工匠人才”。培育高等职业教育“工匠之师”，已经成为新时代职业教育发展的新课题。

因此，在国家职业教育改革实施过程中，高职院校教师身为职业教育改革方案的执行者和关键人物，在教育改革过程中扮演最重要的角色。因为教师是诠释理想与实践之间的媒介，教育改革的理想要通过教师的“批判”“诠释”“实践”，方能在教育现场有效地转化为学生的学习经验，学校的改革，若缺乏第一线教师的参与是不可能成功的。因此，伴随着《国家职业教育改革实施方案》贯彻落实，中国职业教育进入了新时代，高职院校青年教师是新时代高等职业教育改革发展的中坚力量，加快推进新时代高职院校师资队伍建设，促进高职院校青年教师的核心素质提升，是实现新时代职业教育现代化的关键。

1.1.2 高职院校青年教师队伍建设的需要

社会分工愈趋专门化、精致化，专业的观念愈来愈受到重视，许多行业都希望建立具有公信力的专业鉴定机构，通过专业机构的认证以获得其他领域对该行专业的支持与肯定，故各行业不断的努力提升专业能力，以此证明并维持自己的专业素质。核心素质提升更被视为维持和发展个人专业能力的必要因素。在多元化的社会里，教师比其他的行业更要有其独特的个性和专业能力，这是教育成功与否的关键。

作为教育事业发展的重要推动力量，高职院校青年教师自身专业素质的高低对于高校教育、学生质量都会产生至关重要的影响。新时期，传统的教师终身制已经不能够满足社会、国家的需求，高职院校教师面对时代的发展要求，就必须要不断提升自身专业素质、丰富专业知识结构，才能够为国家、社会发展培养更多复合型人才。高职院校青年教师核心素质提升已是世界化的倾向，在各种新知识、新技能不断推陈出新的趋势下，青年教师有必要保持终身学习的理念，不断紧跟专业前沿，更新专业技能，才能与时俱进，保证更好的教育质量。

高职院校青年教师核心素质提升，指的是高职院校青年教师受内、外因素的共同影响，以提高自身专业素质水平为目标，通过不断学习达到促进教师专业以及自身专业成长的过程。从高职院校青年教师核心素质提升概念内容中可以看出，高职院校青年教师专业素质水平的提高是教师核心素质提升的主要目的，而教师专业素质的提高则有助于推动教师职业专业化以及教师自身的知识、理念、技能等各方面发展水平的提高。高职院校青年教师专业的内涵不是固定不变的，其需要因应内在环境与外在环境等变动的因素。由于教师的核心素质提升可以带动教育各种层面的发展与改进，成功的教育革新与教师的专业发展有密切关系。高职院校青年教师的核心素质提升更是决策者、社会大众、家长及学者们关心的焦点。也唯有教师专业不断成长，才能避免第一年的经验重复数十年，而得以去芜存菁累积数十年的成功经验。因此，对于高职院校青年教师的核心素质提升，是整个教育改革和师资队伍建设不可或缺的一环。作为高职院校能够培养出具有应用能力人才的重要条件，全面实现教师核心素质提升并非只是提高教师教学水平、丰富知识结构，而是涉及教师这个职业的核心素质提升以及教师本人在理念、知识、技术等多个方面的复杂工程，教师能否从“教师职业”“自我发展”两方面获得新的成长，对于我国高职院校发展起着决定性的影响。

在整体教育改革的脉络下，高职教育正面临着转型及其伴随而来的可能挑战。高职院校社会化的发展方向，使教育与产业的关系更为紧密，对于高职院校教师来说更是需要加以正视的问题。由于教师的核心素质提升可以带动教育各种层面的发展与改进，成功的教育革新与教师的核心素质提升有密切关系，高等职业院校的教师具有高度的学术背景和专业自主，通过课程与教学而落实实践社会与产业的期待，同时通过学术研究和技术研发带动社会和产业的发展。显然，高等职业院校教师的专业素养直接影响着高职学生的未来前景，也影响着社会与文化的品质。“教育大计，教师为本。”《中共中央国务院关于全面深化新时代教师队伍建设改革的意见》指出，要全面提高职业院校教师质量，建设一支高素质双师型的教师队伍。而面对这些转型要求，除了政府部门应有的配套措施来协助学校与教师的转型外，高职院校教师也必须通过不断的学习进行核心素质提升，才能够有效转化既有角色，提升其自身的教学效能与整个教育成效。

因此，有鉴于高职院校教师核心素质提升议题的重要性，因此希望发挥“教师即研究者”的精神，构建高职院校教师核心素质提升模型，深入探究高职院校教师核心素质提升的相关问题，以进一步了解高职院校教师核心素质提升的现况与问题，并提出可能的高职院校教师核心素质提升策略。

1.1.3 高职院校青年教师的核心素质提升的需要

师资力量是一个学校发展的不竭动力，也是提高学校教学质量、人才培养质量的重要手段。在国内高职院校教师数量激增、教师核心素质提升问题日益受到重视的背景下，高职院校教师核心素质提升已然成为这类院校努力提高自身教学质量的重要手段。然而受专任教师数量少、教师核心素质提升水平低等多种问题的限制，导致高职院校教学质量、人才培养质量始终都得不到真正的提高。

尽管高职院校日益认识到教师核心素质提升的重要性，学校也通过实施专业教师人才培养、引进策略以及加大教师培训力度等方式，建立了专业化水平较高的师资队伍，为高职院校培养目标实现提供了保障。但从现实情况上说，我国高职院校发展时间短，目前尚处于探索发展时期，满足区域经济社会发展是高职院校设立、发展的初衷，除了新建高职院校之外，部分由普通本科院校向高职院校转型的学校在“转型理由、转型方式、转型内容”上还没有形成一个完整的认识、理念和模式。另外，目前我国高职院校教师在建设过程中，大部分高职院校都非常重视师资队伍建设，但往往窄化为博士、教授、学者、院士等专业头衔，忽视专业技术与专业能力。不仅如此，在地方高职院校迅速扩张过程中，很多高职院校的青年教师都是从学校毕业即进入工作岗位，没有实践层面的经历，应用型院校的教师不会“应用”，成为影响师资队伍转型的障碍。学校制度层面缺乏有效引导教师参与企业行业实践的机制。不仅如此，当前很多高校“双师型”教师的评定标准以拥有教师资格和职业资格证书为标准，这类职业资格证书与其实际执教课程关系不大，因而不少“双师型”教师名不符实，缺乏对产业前沿的了解，缺乏研发、解决企业技术难题的能力，没有全面建立高职教师到企业定期挂职的培训制度。可见，教师年龄、学历、职称上的不合理，科研能力不足以及我国高职院校双师型教师培养机制不完善等多类型的问题，阻碍了我国高职院校教师核心素质提升。

随着时代环境的变迁、社会结构的转化、科技知识的爆炸、课程内容的更新、教学技术的发明，以及大众对于教育目的的不同期待等，高职院校教师在教师职业生涯发展阶段中会遇到许多困惑与问题，或是对教学生涯产生挫折、乏味、自我怀疑、停滞等现象，只是安于现状或不再参加任何核心素质提升的进修活动等。高职院校教师在其经过职前教育而获得初任资格之后，需要在专业上进行突破与发展，在职阶段需要持续更新自己的专业知识与专业技能，明确作为一名高职教师的社会责任，端正自己的行为态度和价值观，这样高职教师的教师生涯才能稳定，才能在教学的过程中发挥具体而实际的功能，以配合现代技术革新、知识爆炸和学生多元需求的需要。因此，高职院校教师持续进行核心素质提升，教师专业才能发挥正向的功能。

面对国家职业教育改革和新时代师资队伍建设的新背景，高职院校新教师培育多元化发展是潮流也是趋势，教师来源渠道的多元化，造成高职院校教师品质参差不齐及师资人力过剩等问题，更需借由不断进行核心素质提升，方能胜任日后教职。对资深教师而言，面对社会潮流变化快速，许多新技术、新知能需要不断吸收。以不变应万变的教学心态已无法满足学生的需求，也跟不上时代的潮流。

教师核心素质提升是成为一个称职教师所需不断进行的一种专业行为。然而教师的核心素质提升并非机械模式的“投入—产出”的概念，有许多脉络性及技术性的因素需加以考量，方能有效达成促进核心素质提升之目的。诸如教师的生涯发展阶段、校长领导与学校行政的配合、校园文化等方面，均可能对核心素质提升有所影响。同时，教师核心素质的提升，也会促进学校的组织学习、教师承诺与教师效能感等因素，而有助于提升高职院校效能。因此，教师核心素质提升的规划与进行，应考虑学校组织内、外在条件之配合，做系统性的发展，方能把握住要点与方向，使之不致流于形式，而发挥其通过教师的转化，作为高职院校改革的动力的功能。

目前，在国内有关教师核心素质提升之研究已逐渐被人重视，但对象多聚焦于中小学教师，至于高职院校教师核心素质提升之研究较少，且多数教师大部分时间进行学术研究，较不重视核心素质提升，本研究希望通过研究高等职业院校教师核心素质提升在教育专业理念、教学能力、研发能力及个人职涯成长的能力内涵探讨，使教师在增进研究学术技能外，也可以提升教师在其他面向的核心素质提升。因此，本研究通过对高职校院青年教师核心素质提升内涵的探讨，构建高职院校青年教师核心素质提升模型，调查高职院校青年教师核心素质提升的现状及影响因素，探讨以供高职院校参考。

1.2 研究综述

1.2.1 高职院校青年教师的研究综述

1.2.1.1 核心概念

高职院校指的是专科层次全日制普通高等学校，“职业技术学院”或“职业学院”为高职院校特有的校名后缀，是我国高等教育的重要组成部分。

青年教师指专门从事教学与科研工作的、年龄在40周岁以下的专任教师。青年教师是高校教师队伍的重要组成部分和生力军，也是未来的希望。

核心素质模型指担任某一特定的任务角色需要具备的核心素质特征的总和。核心素质模型被广泛运用于人力资源管理的各个领域，如：招聘、培训、绩效评估、职业规划与晋升等，它能清楚界定担任特定岗位所必备的素质结构，并以量化的标准和依据测评该岗位上的成员从外部素养到内藏特质的能力素质，从而在组织的层面优化资源配置，提升岗位绩效。

1.2.1.2 高职院校青年教师的研究综述

运用文献法，从阐明高职院校青年教师的概念和内涵以及以往的研究，进而梳理高职院校青年教师的素质模型研究的研究趋势。

（1）关于青年教师相关问题的研究。伴随高校扩招和高等教育的跨越式发展，高校教师队伍在量上得到了快速充实，大批青年教师走上讲台，成为高校教学科研的新生力量。据教育部人事司统计，2000年全国高校专任教师为46.28万人，2009年上升为129.52万人，2009年全国高校30岁以下教师比例为27.29%，40岁以下占63.48%；而从质的方面考虑，青年教师在素质与能力方面，与老教师相比仍有很大差距。青年教师本身也在苦苦寻找突破口，若对青年教师所面临的困境调适措施不当，就会影响到这些青年教师队伍的稳定和专业发展。为此，如何提升青年教师的核心素质与能力，进而将这支年轻的队伍培育好、建设好，逐步实现教师队伍的新老交替，是高校面临的重要现实问题，也是高校能否实现可持续发展的关键所在。因此，研究和提高青年教师的核心能力素质成为迫切需要解决的问题。主要成果，包括：A. 青年教师内涵。国内学者伍玉凤[①]、周建松[②]等以高职院校的青年教师为研究对象，从年龄、特征、作用以及培养和考核的标准等不同角度阐述了青年教师的内涵。B. 青年教师专业发展阶段。国外学者 Fuller 根据关注的重点，提出教师发展阶段分为教学前关注、早期生存关注、教学情境关注、关注学生四个阶段[③]；我国学者钟祖荣等按照教师素质能力表现将教师专业发展分为初步适应期、适应和熟练期、探索和定期、教学成熟期、专家期五个阶段[④⑤]。C. 职教青年教师的相关研究。伍玉凤探讨了高职院校青年教师科研素质和能力培养中存在的问题及对策；胡海员从师德水平、教育教学能力、科研实践能力、心理调节能力、继续学习能力、团队协作能力、创新创业能力、自我反思能力和自主行动能力等不同角度阐述了高职院校青年教师的自我导向专业发展[⑥]。

（2）关于教师素质模型的研究。早在 20 世纪 70 年代，Mcclelland 和 Mcber 公司的成员为美国政府选拔驻外机构外交人员而建立了第一个素质模型[⑦]。目前，学术界提出的素质模型主要有"冰山模型"和"洋葱模型"，分别从不同视角对素质特征进行了描绘。教师素质模型研究在借鉴企业成熟研究思路的基础上，通过定性和定量的分析方法，系统分析教师的素质特征，逐渐形成研究体系并得到广泛的应用。国外学者普遍认为，教师素质模型应包括发展能力和全面业务能力。澳大利亚维多利亚独立学校协会

① 伍玉凤．高职院校青年教师科研素质和能力培养中存在的问题及对策 [J]. 学术论坛，2011，34（5）：210-213.

② 周建松．试析高职院校青年教师的培养理念及其目标 [J]. 黑龙江高教研究，2012，30（1）：95-96.

③ Fuller F F.Concerns of Teachers：A Developmental Conceptualization [J]. American Educational Research Journal，1969，6（2）：207-226.

④ 钟祖荣，张莉娜．教师专业发展阶段的调查研究及其对职后教师教育的启示 [J]. 教师教育研究，2012（6）：20-25.

⑤ 俞亚萍．高职院校教学名师能力素质模型构建及应用研究 [D]. 南京：南京师范大学，2020.

⑥ 胡海员．高职院校青年教师自我导向专业发展的路径探究 [J]. 黑龙江高教研究，2012，30（6）：85-87.

⑦ David C.McClelland.Testing for competence rather than for "intelligence." [J].American Psychologist，1973，28（1）：1-14.

提出教师素质模型包括沟通能力、工作标准、适应性等 15 项要素[①]。国内学者徐建平在其博士论文中对中小学教师的能力素质进行了建模与实证研究[②]。王昱、戴良铁等以高校教师为研究对象，得出教师素质模型包括创新能力、获取信息的能力、责任心等 7 个结构维度[③]。将素质模型运用到高职院校的研究相对而言比较鲜见，其中陈斌、刘轩尝试构建了高职院校教师素质模型[④]；刘烨在硕士论文中对职业技术学院教师岗位能力素质模型的构建与应用进行了个案研究[⑤]。

（3）研究趋势。第一，青年教师的研究范围逐步拓展。以往青年教师的研究多数集中于基础教育和普通高校，针对职业教育的研究非常薄弱。职业教育青年教师规模不断扩大，其具备的素质既有普通学校教师的共性，又有其职业的特殊性，已经受到越来越多学者的重视。本课题聚焦高职院校青年教师力图体现其职业性。第二，研究方法趋于综合。构建素质模型的主要研究方法是行为事件访谈法（BEI），而近期的研究往往综合使用访谈、问卷、专家咨询、工作分析等多种方法，从而使研究结果能被广泛接受。本课题将以文献研究法收集资料，以 BEI 和专家咨询法筛选基本的素质特征，再以问卷调查法验证素质特征，最终形成素质模型。第三，理论成果转化实践应用。从关注素质界定的准确性转向同时关注素质模型的实践应用。本课题在构建素质模型的基础上，将重点探索运用素质模型来有效提升职校青年教师的培育和管理。

1.2.2 基于文献计量和 CiteSpace 分析我国高职教师能力素质

近年来，随着国家对职业教育工作的大力支持，以就业为导向发展职业教育逐步成为社会共识，职业教育规模进一步扩大，其规模已在我国高等教育中占据了重要地位，如何保证高职的办学质量和水平已经成为亟待

---

① 陈亮，张元婧．教师胜任力研究现状及未来研究方向［J］．人才开发，2009（1）：27-28.

② 徐建平．教师胜任力模型与测评研究［D］．北京：北京师范大学，2004.

③ 王昱，戴良铁，熊科．高校教师胜任特征的结构维度［J］．高教探索，2006（4）：84-86.

④ 陈斌，刘轩．高等职业院校教师胜任力模型的构建［J］．高教发展与评估，2011，27（6）：106-110.

⑤ 刘烨．职业技术学院教师岗位能力素质模型的构建与应用研究［D］．成都：电子科技大学，2012.

解决的重要问题。高职教师作为高校最重要的人力资源，是高职院校发展的决定性因素，是高职院校教育质量的重要保证。中华人民共和国国务院在《关于大力发展职业教育的决定》中就指出要加强师资队伍建设。影响高职教师教学质量的重要因素就在于高职教师的素质能力，只有具备高素质能力的高职教师才能成为高职院校的核心竞争力。因此，研究高职教师的素质能力成为近年来研究的重点。

随着我国职业教育研究的发展和素质能力理论研究的深入，我国高职教师素质能力研究取得不少成果。为了详细了解高职教师素质能力研究现状，本研究采用文献计量学的方法对高职教师素质能力文献发表年代、研究方法、研究内容、研究作者和机构、发表杂志、受资助情况、引用频次等内容进行梳理和比较，期望揭示当下高职教师素质能力研究的热点，对未来高职教师素质能力的研究提供进一步的参考信息。

1.2.2.1 文献数据搜集与研究方法

1. 数据搜集

本研究选取中国知网（CNKI）数据库作为文献资源搜索平台，CNKI 无论是在文献数量、影响力还是在内容覆盖面以及规范性、准确性和可靠性等方面都具有明显的优势。本研究利用检索式：高职 and 教师 and 素质（能力或胜任力），用“题名”进行检索，检索到 2170 条记录。为了保证文献的质量，本研究在结果中搜索核心期刊和 CSSCI，检索到 285 篇。

2. 研究方法

本研究采用文献计量法和内容分析法等文献计量学方法，同时运用 CiteSpace 可视化知识图谱分析。文献计量法是采用数量统计学方法来定量描述、评价和预测学科性质、规律、研究现状与发展趋势，是图书情报学研究的一个分支[①]。内容分析法是对文献的内容进行客观、系统分析的一种基于定性分析基础的定量研究方法，其目的是透过内容揭示文献中本质

① 叶鹰．文献计量法和内容分析法的理论基础及软件工具比较［J］．评价与管理，2005（3）：24-26．

性的事实或趋势[①②]。在统计过程中，用 Excel 2007 对检索数据进行处理，利用图像生成功能将结果可视化。

1.2.2.2 文献数据统计与分析

1. 文献发表年代

文献发表情况是一个学科或专门研究领域的发展现状与趋势的直接反映。科学计量学的先驱普赖斯（D.Price）提出了著名的“普赖斯文献指数增长规律”。他指出，科学文献有其自身的发展规律，在一个学科发展的初期，文献的数量处于非常不稳定的增长阶段，而当该学科进入发展期，其文献数量将呈指数型增长，出现“情报爆炸”态势[③]。经过检索发现，从2001年开始，有学者开始关注高职教师素质能力领域的研究，到2004年，属于该领域研究的萌芽阶段，研究的论文很少；2005—2006 年研究学者有了一定的增加，该领域的研究进入了发展阶段；到 2007 年，论文数量有了质的飞越，随后进入一个相对平稳的水平；2016 年论文数量波动较大，论文数量有所下降。论文整体发表情况如表 1–1 和图 1–1 所示。

表 1-1 我国高职教师素质能力研究文献发表情况一览表

发表时间	篇数	份额
2001	1	0.003 509
2002	1	0.003 509
2003	3	0.010 526
2004	4	0.014 035
2005	8	0.02 807
2006	9	0.031 579
2007	22	0.077 193
2008	15	0.052 632
2009	31	0.108 772
2010	32	0.112 281

① 赵丹僖．图书情报领域中内容分析法研究进展与趋势［J］．图书馆学研究，2008(2)：6-8，11.

② 丁岚，王成华，冯绍红．基于文献计量分析的我国高校教师胜任力研究综述［J］．南京航空航天大学学报（社会科学版），2015，17（1）：39-43.

③ 庞景安．科学计量研究方法论［M］．北京：科学技术文献出版社，2002.

续表

发表时间	篇数	份额
2011	30	0.105 263
2012	27	0.094 737
2013	25	0.087 719
2014	24	0.084 211
2015	29	0.101 754
2016	12	0.042 105
2017	12	0.042 105
合计	285	1

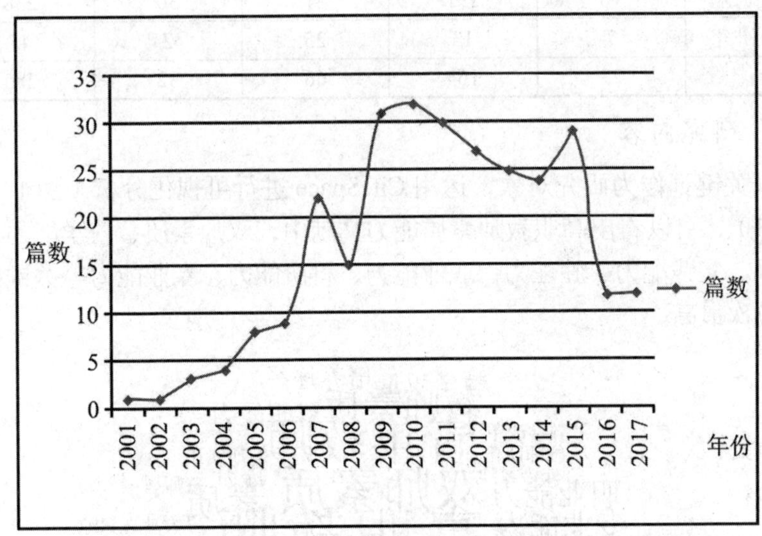

图 1-1 我国高职教师素质能力研究文献发表情况分布图仔细分析

2007 年之后论文数量达到 259 篇，占所有论文总数的 90.8%。说明从 2007 年开始高职教师素质能力研究开始受到学者的关注和重视。最早一篇发表在核心期刊上的高职教师素质能力的文献是陈玉珍 2001 年发表在中国成人教育上的《高职教师需要提高哪些素质》①，指出高职教师应当提高道德素质、扩大知识的覆盖面、提高实践技能和提高革新创新能力，该篇文献为后来的研究提供了一定的理论基础。

① 陈玉珍．高职教师需要提高哪些素质 [J]. 中国成人教育，2001（3）：47.

2. 研究方法

从研究的方法进行划分：主要有理论研究和实证研究。通过整理数据发现，研究者从理论和实证两个方面对高职教师素质能力展开了相关研究，内容涉及高职教师素质能力的各个方面。从检索到的论文数量来看，高职教师素质能力的理论研究 238 篇，占总体文献的 83.5%。无论是模型的建构还是应用研究和现状研究，相对于实证研究而言，理论研究的论文更多，反映了高职教师素质能力的研究还是理论研究较多，实证研究较少。加强高职教师素质能力的实证研究是下一步研究者工作的重点。

表 1-2 高职教师素质能力文献的研究方法分析

研究类型	模型的建构	应用研究	现状研究	其他	合计
理论研究	16	151	41	30	238
实证研究	7	13	25	2	47
合计	23	164	66	32	285

3. 研究内容

以关键词作为研究对象，运用 CiteSpace 进行可视化分析（图 1-2 和表 1-3），可以看出高职教师素质能力文献中，双师素质、教学能力、青年教师、实践能力、胜任力、职业能力、科研能力、专业能力等关键词提及的频次最高。

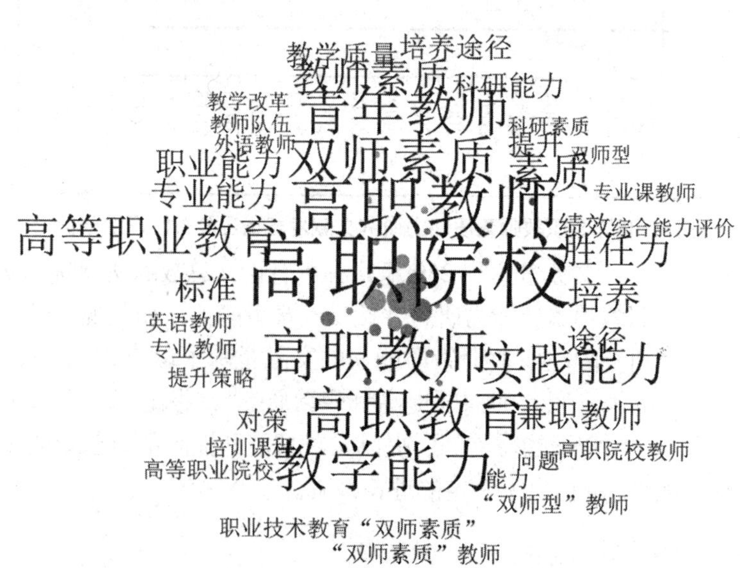

图 1-2 高职教师素质能力文献的关键词 CiteSpace 分析图

表 1-3 高职教师素质能力文献的关键词 CiteSpace 分析结果输出表

关键词	提及次数	中心度	爆发度
高职院校	96	0.75	
高职教师	46	0.40	
教师	23	0.35	
高职	21	0.22	
双师素质	19	0.36	
高职教育	19	0.23	
教学能力	16	0.11	4.13
青年教师	14	0.09	
素质	12	0.03	
实践能力	11	0.20	
高等职业教育	9	0.01	
教师素质	7	0.03	
培养	6	0.02	
胜任力	6	0.19	
职业能力	4	0.01	
培养途径	4	0.00	
标准	4	0.11	
科研能力	4	0.02	
专业能力	4	0.00	
途径	4	0.02	
提升	4	0.05	

从关键词的频率来看，高职院校、高职教师、教师、高职、高等职业教育和高职教育是指高职教师素质能力文献的研究对象和范围。其他的高频率关键词可以分为五类：分别是素质、能力、胜任力、青年教师和提升途径五类。第一类素质包括关键词素质、教师素质和双师素质，其中频率最高的是提及次数 19 次的双师素质，如张广红探讨过高职院校“双师型”教师素质的提高[①]，贾艳萍也分析过高职院校“双师型”教师综合素质及培养办法[②]。可见对高职教师素质的研究比较热门的是对双师素质的研究，这也是高职教师和普通高校教师的区别所在，体现了高职教师的职业性。第二类能力包括关键词教学能力、实践能力、职业能力、科研能力、专业能力，其中频次最高的是提及次数 16 次的教学能力，教学能力也是具有爆破性的关键词，如张洪春和温中梅就曾探讨过高职教师教学能力成熟度

① 张广红．高职院校“双师型”教师素质的提高 [J]. 教育理论与实践，2010，30（15）：46-48.

② 贾艳萍．高职院校“双师型”教师综合素质及培养办法初探 [J]. 中国成人教育，2012（2）：83-85.

模型及应用[①]。可见在高职教师能力中，教学能力是最重要和突出的，高职教师作为教师，教学是根本，所以教学能力是最基本的要求，这符合高职教师的实际。高频率的能力还有实践能力、职业能力、科研能力以及专业能力，如杨良根以江西省高职院校数控技术专业为例探讨过高职院校专业教师实践能力素质现状调查与分析[②]；李亮亮探讨过高职专业教师职业能力建设[③]；赵伟分析过高职实践课教师专业能力发展的阶段递进[④]。从这些关键词和文献可以看出高职教师的能力突出实践性和职业性，这也是高职教师区别于普通高校教师之处，是高职教师的独特之处和需要重点培养之处。第三类是胜任力。胜任力是高职教师是否能够胜任教师的能力，这一类的研究主要是实证研究，研究也比较热门。如何先应，付达杰和王利探讨过校企合作模式下高职教师胜任能力模型构建[⑤]；涂云海也分析过基于胜任力的高职院校教师培训体系构建[⑥]。第四类是青年教师，可见高职教师素质能力的研究热门的对象是青年教师，这其中包括两种：一种是以青年教师作为研究对象，如杨华以青年教师为研究对象，探讨了高职院校青年教师科研能力现状调查与提升策略[⑦]；第二种是给青年教师提供建议指导。如张龙分析了高职院校高素质青年教师培养对策[⑧]，给青年教师提供建议指导。青年教师具有可塑性，对青年教师素质能力的培养有益于其后素质能力的养成，这也是青年教师成为热门对象的原因。第五类提升途

① 张洪春，温中梅．高职教师教学能力成熟度模型的研究及应用[J]．现代教育管理，2015（9）：115-119.

② 杨良根．高职院校专业教师实践能力素质现状调查与分析——以江西省高职院校数控技术专业为例[J]．中国成人教育，2010（19）：112-114.

③ 李亮亮．高职专业教师职业能力建设探讨[J]．职业技术教育，2015，36（5）：74-76.

④ 赵伟．高职实践课教师专业能力发展的阶段递进[J]．中国高等教育，2011（22）：36-37.

⑤ 何先应，付达杰，王利．校企合作模式下高职教师胜任能力模型构建[J]．职业技术教育，2014，35（14）：63-66.

⑥ 涂云海．基于胜任力的高职院校教师培训体系构建[J]．职业技术教育，2010，31（22）：56-59.

⑦ 杨华．高职院校青年教师科研能力现状调查与提升策略[J]．教育与职业，2015（10）：62-64.

⑧ 张龙．高职院校高素质青年教师培养对策[J]．中国职业技术教育，2009（34）：55-56.

径包括关键词培养、培养途径、标准、途径和提升，如郭小平和邱力探讨过高职教师素质及其培养[①]，刘畅也讨论过高职“双师型”教师专业素质的培养[②]；这些关键词都突出了高职教师素质能力研究的落脚点就在于如何培养高职教师的素质能力，这也是理论研究的最终归宿，即走向应用。

4. 研究作者和机构

根据文献作者数量进行统计，独撰文章 194 篇，合撰文章 91 篇，独撰文章占到文献总量的 68%。这在一定程度上表明，我国高职教师素质能力的研究合作程度还比较低，该领域研究作为一门发展的交叉学科，涉及人力资源管理、心理学、教育学等多个方面，仅靠个人的研究很难将此项工作开展得深入。因此，需要更多的学者相互协作。此外，对文献作者的情况进行统计，其中发表 2 篇以上文章的作者有 13 人，如图 1-3 所示，其中发表 3 篇文章的作者仅有张洪春和左彩云 2 人，发表 4 篇论文的作者仅有涂云海 1 人。数据表明，我国对于高职教师素质能力的研究还不够集中，研究的深度和持久度都还不够，相关的研究还不够成熟，还未形成完善的研究体系。

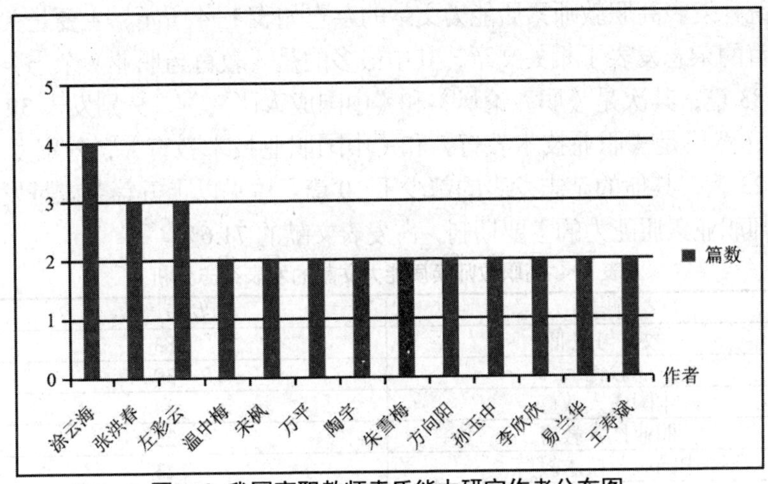

图 1-3 我国高职教师素质能力研究作者分布图

从研究机构来看，基本上都是职业技术学校的研究者们进行的研究，

① 郭小平，邱力．试论高职教师素质及其培养 [J]. 江西教育科研，2007（04）：78-79.

② 刘畅．论高职“双师型”教师专业素质的培养 [J]. 中国成人教育，2005（11）：108-109.

见图 1–4。

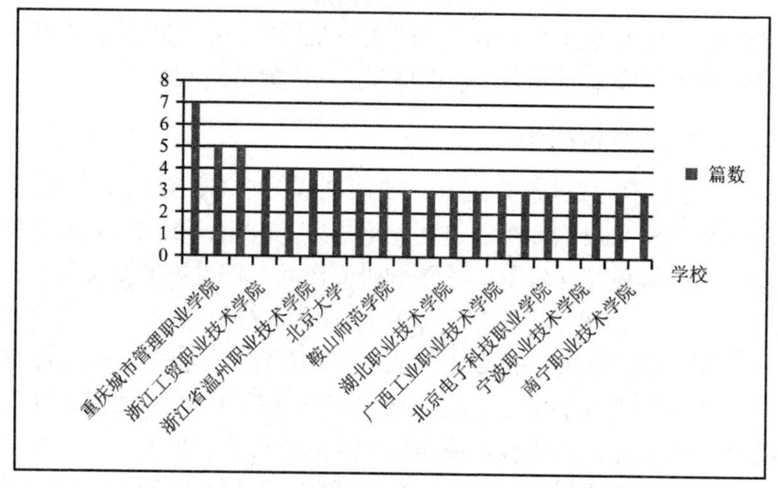

图 1–4 我国高职教师素质能力研究作者机构分布图

5. 发表杂志

统计发表高职教师素质能力文献的杂志如表 1–4 所示，主要是关于职业教育的杂志发表了相关文章，其中最多的是《教育与职业》杂志，一共发表 83 篇；其次是《职教论坛》和《中国成人研究》，分别发表 39 篇和 34 篇；然后是《职业技术教育》和《中国职业技术教育》，分别发表 25 篇和 23 篇，其他的杂志发表的都少于 10 篇。可见以上五篇杂志是发表高职教师职业素质能力的主要期刊，占发表文献的 71.6%。

表 1–4 高职教师素质能力文献的发表杂志分析

杂志	发表篇数
教育与职业	83
职教论坛	39
中国成人教育	34
职业技术教育	25
中国职业技术教育	23
成人教育	8
中国高教研究	7
职业时空	7
黑龙江高教研究	5
教育理论与实践	5

6. 受资助情况

在统计的285篇文献中，获得各类资助的文献共有19篇，占到所统计文献的6%，其中，国家级资助项目12篇，省部级资助项目7篇。可见资助项目的比例很低，整体受到各级各类政府资助的力度还不是很大。

7. 引用频次

文献被引频次是文献计量学中被用来测度学术论文社会显示度和学术影响力的重要指标。文献被引次数越多，反映其在该领域中的影响力就越强，学术价值就越高；反之，文献被引次数越少，在该领域的影响力就越弱，学术价值就越低。

表1–5 高职教师素质能力文献的引用频次分析

频次	数量	份额
0	51	0.178 947
1 ~ 10	178	0.624 561
11 ~ 20	39	0.136 842
21 ~ 30	8	0.02 807
31 ~ 40	6	0.021 053
41 ~ 50	1	0.003 509
51 ~ 60	2	0.007 018

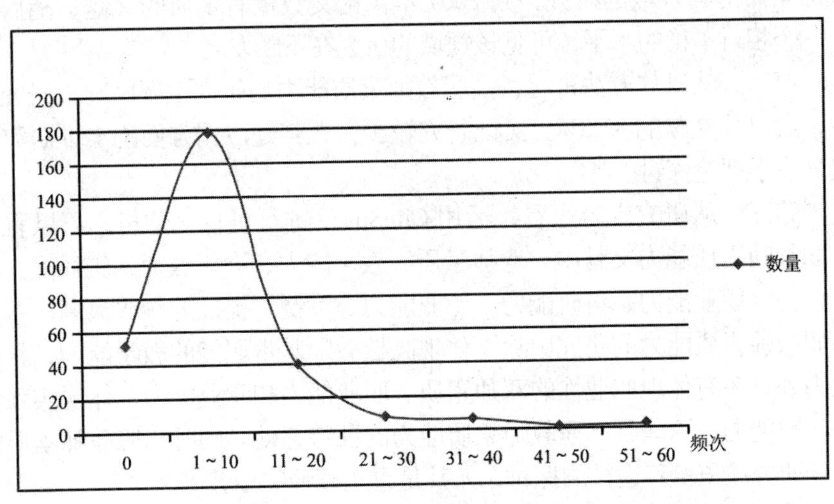

图1–5 高职教师素质能力文献的引用频次分析图

统计数据显示（表1–5和图1–5），被引频次为0的文献有51篇，占到文献总量的17.9%，被引频次数为1 ~ 10的文献数量最多，占到全部文献量的62.5%；被引频次为11 ~ 20的文献数量占到13.7%；被引频次为 21 ～ 30 次的文献数占到 3%；被引频次为 31 ～ 40 的文献数占到 2%，被引频次为 41 ～ 50 的文献只有一篇，被引频次为 51 ～ 60 的文献有 2 篇。其中引用频次最多的 1 篇是天津大学刘春生和阮海涛所做的《高职教师素质结构刍议》①，被引频次达到 60 次。该研究指出高职教师的角色特征、工作任务特征以及高职教师应具备的业务素质结构。其中，高职教师的角色特征是指高职教师应是知识渊博的学者、学生学习的指导者和学生人格的“塑造者”。高职教师的工作任务特征是培养对象的高层次性、教学内容的专业性以及指导能力的全面性。高职教师应具备的业务素质结构主要取决于是否形成了合理的知识结构、技能结构和能力结构。该研究是早期论述高职教师素质结构的代表，为后续学者的研究奠定了一定的理论基础。

1.2.2.3 研究结论与展望

通过对高职教师素质能力领域的研究进行整理和分析发现，近年来，我国学者对高职教师素质能力的研究不断深入，取得了一些成果。

1. 研究结论

第一，从文献发表年代来看，从 2001 年开始，有学者开始进行高职教师素质能力领域的研究，到 2007 年，论文数量有了质的飞越，随后进入一个相对平稳的水平，可见该领域的研究在不断发展。

第二，从研究方法来看，高职教师素质能力的研究主要以理论研究为主，占总体文献的 83.5%。实证研究较少，尤其是应用方面的实证研究要显著少于理论探讨。

第三，从研究内容来看，运用 CiteSpace 进行可视化分析，可以看出高职教师素质能力文献中，双师素质、教学能力、青年教师、实践能力、胜任力、职业能力、科研能力、专业能力等关键词提及的频次最高。可见高职教师素质能力的研究中除了体现高校教师基本职能的教学能力、科研能力外，还有体现职业性的双师素质、职业能力和专业能力、体现实践性的实践能力，这些是高职教师素质能力的独特之处。同时高职教师素质能力的研究注重培养途径的探讨，尤其是青年教师的培养。

第四，从研究作者和机构来看，高职教师素质能力的研究主要以独撰

① 刘春生，阮海涛．高职教师素质结构刍议 [J]．教育与职业，2003（3）：6-9，19.

文章为主，占到文献总量的68%，发表4篇论文及其以上的作者仅有1人。可见我国高职教师素质能力的研究合作程度还比较低，研究的深度和持久度都还不够，还未形成完善的研究体系。

第五，从发表杂志来看，高职教师素质能力的研究主要发表在《教育与职业》《职教论坛》《中国成人研究》《职业技术教育》《中国职业技术教育》等5篇杂志上，占发表文献的71.6%。可见高职教师素质能力的研究主要发表在职业类期刊上。

第六，从受资助情况来看，高职教师素质能力的研究获得各类资助的文献占到所统计文献的6%，可见资助项目的比例很低。

第七，从引用频次来看，在被分析的这些核心期刊和CSSCI期刊上发表的文章，被引频次数为1 ~ 10的文献最多，占62.5%。

2. 研究展望

针对我国高职教师素质能力研究的特点及存在的问题，在今后的研究中应注重以下几个方面：

第一，研究方法应从理论走向实证。从研究结果可以看出对高职教师素质能力的研究大都停留在理论分析层面，实证研究较少，没有强有力的数据分析支撑。在今后的研究应该加强该领域的实证研究，用数据分析现状，用实证引领应用。

第二，研究质量进一步加强和提升。从文章发表质量来看，在搜索文献的过程中发现，2196篇文献仅有285篇发表在核心期刊和CSSCI上。从引用频率上看，发表在核心期刊和CSSCI上的文献，引用频率主要是0 ~ 10次，引用频率在40次及其以上的文献很少，仅有3篇。可见高职教师素质能力研究的研究质量还有待进一步加强和提升。

第三，研究主体的进一步拓展和整合。从研究作者和机构来看，高职教师素质能力研究基本上都是职业学校的教师在研究。这一方面体现了高职教师素质研究的校本化；另一方面也体现了研究主体的单一化，可以进一步加强和普通高校教师进行合作，以促进研究主体的拓展和整合。

第四，研究支持力度应进一步得到加强。从受资助情况来看，高职教师素质能力的研究资助项目的比例很低。应进一步加强各级各类政府对高职教师素质能力研究的支持力度，提升高职教师素质能力研究的质量[①]。

1.3 研究设计

1.3.1 研究目标

本研究通过文献和访谈探讨了解高职院校青年教师核心素质能力的内涵及构成要素，运用编制的高职院校青年教师核心素质能力的问卷，了解高职院校青年教师核心素质能力的现状及特点，探讨了高职院校青年教师核心素质能力的影响因素，如职业认同、工作投入、心理契约、组织支持感与职业倦怠等，并提出提升高职院校青年教师核心素质能力的策略，以作为高职院校青年教师提升能力素质的参考，丰富拓展高职院校青年教师核心能力素养的研究视角与思路。具体言之，本研究的主要目标如下：

第一，质性探讨高职院校教学名师能力素质模型建构。

第二，质性探讨高职院校青年教师核心能力素质的模型构建。

第三，编制高职院校青年教师核心能力素养问卷

第四，了解高职院校青年教师核心能力素养的现状及影响因素。

第五，了解高职院校青年教师能力素养中核心的能力——教学能力现状及影响因素。

第六，了解高职院校青年教师能力素养的影响因素——工作投入、职业倦怠的影响因素

第七，根据研究发现与结果，提出高职院校青年教师提升核心能力素养策略。

1.3.2 研究价值

1.3.2.1 理论价值

青年教师核心能力素质是教师研究领域的重难点问题，既关乎青年教师作为一个职业的发展，也关乎青年教师作为一个独立个体的发展。高职

① 俞亚萍，刘礼艳．我国高职教师能力素质研究综述——基于文献计量和CiteSpace分析［J］. 职教论坛，2017（32）：5-9.

院校青年教师的能力素质构成要比普通高校教师复杂，高职院校教师兼具高等性和职业性的双重特征，是我国教师队伍的重要部分，其专业发展的研究还是很欠缺的，缺少质性与量化系统的实证研究。本书试图通过科学的方法提炼高职院校青年教师的核心能力素质特征、构建青年教师核心能力素质模型、探索青年教师的培育实践，丰富青年教师教育研究的理论成果。本研究聚焦于高职院校青年教师核心能力素质开展实证研究，有助于进一步丰富我国高职院校青年教师发展的理论与实践研究，拓展高职院校教师专业发展的视角和思路，为我国其他教师专业发展的研究提供一定的方法论借鉴和理论参考。

1.3.2.2 实践价值

高职教育作为高等教育和职业教育的一种特殊类型，以为经济社会发展培养高素质高技能型人才为己任，同时作为高职教育教师，除了人才培养，还有科学研究、服务社会的机能，其特殊性决定了高职院校青年教师不能再以普通高校教师和中职学校教师的核心能力素养来衡量与评价。本书力求构建高职院校青年教师核心能力素质提升模型，通过调研了解高职院校青年教师的核心能力素质现状问题及影响因素，并提出提升高职院校青年教师核心能力素质的提升策略。因此，本研究为高职院校加强深化师资队伍建设，为高职院校人才引进与职后培育提供了实践依据；也为促进高职院校教师个体的核心素质提升提供理论支撑，从而全面推进新时代高职院校教师队伍建设，全面提升高职院校的内涵与质量水平。同时随着高校的扩招，青年教师的发展对整个教师队伍的发展能起到重要作用，本课题研究成果有助于促进高职青年教师质量的提升，推动高职院校师资队伍素质的整体提高。

1.3.3 研究思路及框架

高职院校青年教师核心能力素质的提升是新时代全面深化高职院校教师队伍建设的必由路径。本书在国家高度重视职业教育改革发展与加强新时代教师队伍的大背景下，以高职院校教师核心素质提升为研究主题。在访谈的基础上，通过扎根理论探索高职院校教学名师能力素质模型建构和高职院校青年教师核心能力素质的理论模型，编制高职院校青年教师核心能力素质问卷。通过调研了解高职院校青年教师核心能力素质的现状，同时围绕高职院校青年教师核心能力素质中的教学能力及高职院校青年教师核心能力素质的影响因素，如工作投入和职业倦怠等进行问卷调查。根据实证研究的结论，提出高职院校青年教师核心能力素质的提升策略，从而为丰富教师核心素质提升理论和促进高职院校教师素质提升提供借鉴参考。具体研究框架如下：

1.3.3.1 导论

运用文献法，认真梳理关于高职院校青年教师核心能力素养的研究文献，并结合十九大报告、《国家职业教育改革实施方案》和《全面深化新时代教师队伍建设改革的意见》的内涵精神及当前高等职业教育教师队伍建设的实际情况，重新审视界定高职院校青年教师核心素质提升模型的理论内涵。在此基础上提出研究问题，进行研究设计，提出研究思路，介绍研究方法。

1.3.3.2 高职院校教学名师能力素质模型建构

运用质性研究的范式，探索高职院校教学名师能力素质模型，为探索高职青年教师能力素质提供理论基础，为提升高职青年教师能力素质提供前进方向。采用目的性抽样的方式，选择 15 名高职教学名师作为访谈对象，以深度访谈的方法收集资料，并用扎根理论对访谈文本进行编码分析。

1.3.3.3 高职院校青年教师核心能力素质的模型建构

运用质性研究的范式，探索高职青年教师能力素质的结构模型，为提升高职青年教师能力素质提供理论基础。采用目的性抽样的方式，选择 14 名高职青年教师作为访谈对象，以深度访谈的方法收集资料，并用扎根理论对访谈文本进行编码分析，构建高职院校青年教师名师模型建构核心素质。

1.3.3.4 高职院校青年教师核心能力素养问卷编制及现状研究

为了了解高职院校青年教师核心能力素养的现状和影响因素，本研究在高职青年教师能力素质的结构模型的基础上，编制信效度较高的高职院校青年教师核心能力素养问卷。然后采用自编的高职院校青年教师核心能力素养问卷对高职院校青年教师进行调查，探讨高职院校青年教师核心能力与素养的现状及特点。

1.3.3.5 高职院校青年教师教学能力现状及影响因素的实证研究

在探讨高职院校青年教师核心能力素养的结构模型中，教学能力是高职院校青年教师核心能力素养的重要组成部分。因此，本章研究拟聚焦高职院校青年教师教学能力进行研究。

首先在已有文献的基础上，编制高职院校青年教师教学能力的问卷，然后采用自编的高职院校青年教师教学能力问卷，对高职院校青年教师进行调查，探讨高职院校青年教师教学能力的现状。同时探讨影响高职院校青年教师教学能力的影响因素，从教学效能感和社会支持两个方面来探讨对高职院校青年教师教学能力的影响。

1.3.3.6 高职院校青年教师职业认同、组织支持感与工作投入的关系

在探讨高职院校青年教师核心能力素养的影响因素中，内驱力、社会支持是影响高职院校青年教师核心能力素养的重要方面。本章研究拟聚焦高职院校青年的职业认同、组织支持感和工作投入来进行研究。其中职业认同是内驱力，组织支持感是社会支持。

本研究以高职院校青年教师为调查对象，研究职业认同对工作投入的影响，并引入了组织支持感作为中介变量，试图从社会、学校组织和个体三个层面来改善高职院校青年教师队伍管理，提高高职院校青年教师工作绩效提供理论依据。

1.3.3.7 高职院校青年教师心理契约、组织支持感与职业倦怠的关系

在探讨高职院校青年教师核心能力素养的影响因素中，内驱力、社会支持是影响高职院校青年教师核心能力素养的重要方面，本章研究拟聚焦高职院校青年的心理契约、组织支持感与职业倦怠来进行研究。其中心理契约是内驱力，组织支持感是社会支持。

本研究以高职院校青年教师为调查对象来研究心理契约、组织支持感、职业倦怠的现状及其相关性，并探讨组织支持感在心理契约与职业倦怠之间的中介效应。

1.3.3.8 高职院校青年教师核心能力素质提升的路径分析

本章主要探索高职院校青年教师核心能力素质提升的路径。探讨高职院校青年教师核心能力素质提升的必要性和高职院校青年教师核心能力素质提升的原则。最后阐述高职院校青年教师核心能力素质提升的路径。

1.3.4 研究方法

第一，文献研究法。对与本书有关的文献资料等进行整理分析，并在此基础上形成理论观点。本书在探讨高职院校教师核心素质提升的概念内涵与组成要素时，运用此方法。

第二，访谈调查法。笔者主要采用行为事件访谈法（BEI），该方法是一种开放式的、行为回顾式探索技术，是揭示项目制要素的主要工具。本课题将选定高职教学名师和高职院校青年教师核心素质提升模型相关者实施BEI，通过访谈数据的统计分析构建高职院校教师核心素质提升模型。

第三，问卷调查法。问卷调查法是调查者运用统一设计的问卷向被选取的调查对象了解情况的调查方法。笔者编制高职院校青年教师核心素质和教学能力的调查问卷，并选用高职院校青年教师核心能力素质的影响因素问卷，通过问卷星网络平台对高职院校青年教师进行抽样调查，调查结果将运用 SPSS 软件进行量化统计分析，以了解高职院校青年教师核心素质提升现状和影响因素。

1.3.5 研究范围与限制

1.3.5.1 研究范围

目前，关于高职院校教师核心素质提升模型的研究较少，尤其是关于高职院校教师核心素质提升模型的研究几乎没有。但是由于本研究的研究对象范围较广，也无法实地到各个高职院校深入且长时间地观察、评价，故本研究主要以“高职院校教师核心素质提升现状和影响因素”的调查问卷和访谈大纲为研究载体，主要研究范围与限制分述如下：

1. 研究地区之范围

本研究以高职院校教师核心素质提升为主题，因为中国幅员辽阔，地区范围广阔，高职院校众多，所以对中国所有的高职院校进行调查研究几乎不可能。江苏的高等职业教育一直走在全国前列，规模较大，特色鲜明；江苏职业院校的创业教育起步较早，成效显著。因此，在调研地区的选择方面，主要为中国内地的江苏省。

2. 研究对象之范围

本研究以问卷调查和访谈为研究方法，以搜集高职院校教师对于教师核心素质提升现况的看法与观点。研究对象主要是江苏省的高职院校，包括招收高中阶段毕业生的三年制高职和招收初中毕业生的五年制高职。为使问卷调查的结果具有代表性，问卷调查的对象为高职院校的教师等。

1.3.5.2 研究限制

基于上述研究目的与范围，本研究有几点限制，现分别说明如下：

1. 研究对象的限制

就研究对象范围而言，受限于经费、人力、物力及时间等资源，以江苏的高职院校为对象，不包括其他省份的其他高职院校，也不包括人力资源与社会保障部门主管的技师学院；同时，仅针对江苏省的高职院校教师进行随机抽样调查和抽样访谈，其他利益相关者例如毕业生、校友、学生家长、企业人员、教育行政人员等的观点暂且不列入研究对象范畴，以部分高职院校教师核心素质提升相关者的观点进行分析，探讨教师核心素质提升的现况，调查结果会有一定的影响，此为本研究的限制之一。

2. 问卷填答质量的限制

问卷有关的问题，填答者可能因对题目的认知不同，而产生填答方式因人而异，加上牵涉到高职院校教师核心素质现状差异较大，难免产生较大的误差，问卷填答质量难以掌控，此为研究限制之二。

3. 研究者能力与观点的限制

研究过程中，由于研究者的学习与工作的背景和经历，以及个人性格与认知的差异，对于事件的判断或许会有主观的差异存在，但研究者在研究期间仍力求研究的真实与客观，此为研究限制之三。

1.4 本章小结

本章是本书的开篇，主要从职业教育改革发展、全面深化新时代师资队伍建设、教师核心素质提升现实及研究等三方面阐述进行高职院校教师核心素质提升的背景和缘由。然后从高职院校教师核心素质提升的实践和理论等方面确定了研究目标，依据研究目标和研究问题，确立了研究思路与方法。同时，本章还确定了研究范围和研究限制。本章内容统领整个研究，将为下一步研究指明方向和参照。

2 高职院校教学名师能力素质模型建构

2.1 问题提出

加强师资队伍建设、提高教育教学质量，越来越受到学校和政府部门的高度重视，《国家中长期教育改革和发展规划纲要（2010—2020 年）》《国务院关于加强教师队伍建设的意见》《高等职业教育创新发展行动计划》等重要文件中对高素质、专业化、创新型教师队伍都提出了明确的要求，计划打造数以百万计的骨干教师、数以十万计的卓越教师、数以万计的教育家型教师。2019 年公布的《国家职业教育改革实施方案》中明确提出，要把职业教育摆在教育改革创新和经济社会发展中更加突出的位置。职业教育将迎来快速发展和巨大变革，师资队伍建设质量是职业教育改革成败的重要因素之一，职教教师能力素质培养在其中发挥着关键性、基础性作用。高职教师专业成长的阶段由低到高大致分为 5 个阶段，分别为新手教师、教学能手、骨干教师、专业带头人、教学名师，体现出一个由适应、合格向更高专业水平不断跃升、完善的过程。教学名师是高职院校教师群体的中流砥柱和领军人物，一般都是教学团队、学术梯队、重点专业、精品课程建设等的带头人，对教师群体的专业化发展具有引领、示范和辐射等重要作用，其数量与质量决定了学校的办学实力。回顾近年来高职院校教师队伍建设的实践过程，教育部、地方教育行政部门先后实施了“教学名师培育工程”，进行了各类名师评选活动，很多优秀教师由此脱颖而出成了教学名师。然而，从全国各地教学名师成长和培育的实际情况来看，由于缺少规范的教学名师能力素质标准的理论解释和具体描述，还没能很好地回答“教学名师的能力素质主要体现在哪些方面？”这个问题，大部分优秀教师的专业成长还停留在一般的经验认知、自我摸索和行为模仿的水平上，因而，很有必要对高职院校教学名师的能力素质的维度和内涵进行系统、深入地探究[①②]。

2.2 前期研究基础

2.2.1 教师能力素质研究

国内外学者围绕教师能力素质开展了众多的研究工作，通过定性和定量的分析方法系统分析教师的素质特征，逐渐形成研究体系并得到广泛的应用。国外学者普遍认为，教师能力素质应包括发展能力和全面业务能力。Bisschoff 和 Grobler 运用结构化问卷对胜任教师的能力素质进行了研究，提出了教师能力素质要素包括领导、合作能力、有效性、纪律、教学基础、反思、专业承诺、学习环境[③]。澳大利亚维多利亚独立学校协会提出教师能力素质模型包括 15 项要素，分别为沟通能力、计划和组织、工作标准、适应性、人际关系建立、发展友谊、持续性学习、技术或专业知识、辅导、决策、以学习者为中心、质量关注、信息监控、创新和行动发起，这些要素对教师胜任教学至关重要。

作为国内最早开展教师能力素质研究的学者，徐建平对中小学优秀教师能力素质进行了研究，采用 BEI 技术、心理测量学、胜任特征核查表等方法构建了模型[④]。之后，越来越多的学者围绕高校教师能力素质，运用不同的研究方法、多角度地研究探讨教师的特质、能力、素质和评价等。任嵘嵘、史学军等以河北省高校教学型教师的胜任素质为研究对象，得出高校教师胜任素质包括专业能力、驱动能力与个人成熟三个因子[⑤]。姚蓉通过实证研究得出高校教师胜任素质模型的维度包括个性特征、教学态度、

① 俞亚萍，刘礼艳．高职院校教学名师能力素质模型建构［J］．中国职业技术教育，2019（33）：86-92.

② 俞亚萍．高职院校教学名师能力素质模型构建及应用研究［D］．南京：南京师范大学，2020.

③ Bisschoff T，Grobler B.The Management of Teacher Competence［J］.Journal of In-Service Education，1998，24（2）：191-211.

④ 徐建平．教师胜任力模型与测评研究［D］．北京：北京师范大学，2004.

⑤ 任嵘嵘，史学军，齐西伟．河北省高校教学型教师胜任素质模型［J］．中国教师，2007（S1）：154，171.

发展特征、教学技能、专业技能、关注学生和人际沟通[①]。汤舒俊、刘亚等归纳出高校教师胜任素质维度包括人格魅力、学生导向、教学水平和科研能力[②]。鲍广德基于北京市高校经济管理类教师开展了胜任素质建模研究，提出了包括个人特征、职业素养、关注学生、责任感、自我驱动、信息收集、尊重他人、领导与管理、业务支持 9 个因子的胜任素质模型[③]。牛端主要采取了 O*NET 工作分析和行为事件访谈的范式从人员导向、创新导向和成就导向三个维度构建了高校教师胜任力模型[④]。王昱、戴良铁等则通过行为事件访谈法和问卷调查法，构建了包括创新能力、获取信息的能力、人际理解力、责任心、思维能力、关系建立、成就导向等七维度的高校教师胜任素质模型[⑤]。

国内外对教师能力素质的研究主要有理论研究和实证研究两种类型。大部分理论研究主要通过查阅、综合大量文献，总结经验，从而归纳教师能力素质特征。也有部分学者通过梳理不同人群对理想教师应有能力素质的观点进而构建能力素质模型。相对于理论研究而言，基于调查的实证研究逐渐被更多的学者所认可，问卷调查法、行为事件访谈法、德尔菲法、层次分析法等方法为更多学者所采用。理论与实证相结合、多种方法相融合是目前研究的主要方式。

2.2.2 高职院校教师能力素质研究

不少学者围绕高职院校教师能力素质开展了思考和研究。胡艳琴在对高职“双师型”内涵分析的基础上，采用行为事件访谈法，提炼出高职“双师型”教师教学素养、团队精神、科研能力、发展意识、良好心态、

① 姚蓉．高校教师胜任力模型构建初探［J］．科技情报开发与经济，2008，18（30）：186-189.

② 汤舒俊，刘亚，郭永玉．高校教师胜任力模型研究［J］．教育研究与实验，2010（6）：78-81.

③ 鲍广德．北京市高校经济管理类教师胜任力模型研究［D］．北京：首都经济贸易大学，2009.

④ 牛端．高校教师胜任特征模型的构建与验证［J］．心理科学，2012（5）：1240-1246.

⑤ 王昱，戴良铁，熊科．高校教师胜任特征的结构维度［J］．高教探索，2006（4）：86-88.

教学管理能力 6 个方面的 40 项能力素质特征要素[①]。聂家林选取淮安信息职业技术学院为研究对象，通过行为事件访谈和问卷调查，得出包括师德品质、教学素养、身心特征、科研特征和团队精神 5 个方面的教师能力素质维度[②]。刘晶、张祥兰在理论分析的基础上结合问卷调查、访谈等方法，从教师的教学、职业和实践素养及其个性特质和人际管理等方面构建了高职院校教师胜任力模型[③]。李岚、刘轩在访谈的基础上对高职院校 169 名教师（包括普通教师、教研室负责人和院系领导）采用开放式问卷和胜任力核对表获取高职院校教师胜任力要素，并以此编制高职院校教师胜任力调查问卷，以苏州 7 所高职院校 379 名教师为对象，采用探索性因素分析和结构方程建模的方法验证了高职院校教师胜任力模型。[④]

2.2.3 高职院校教学名师研究

通过对中国知网学术期刊网络出版总库进行检索，以“名师 or 卓越教师 or 优秀教师 or 优质教师”为篇名进行检索，并在结果中以“高职”为篇名继续检索，共检索文献 52 篇（检索时间为 2017 年 8 月 15 日），博硕士论文 0 篇。去除 4 篇“高职名师”情况介绍，共得文献 48 篇，其中最早的一篇文献是何农、杜政 2002 年发表的《关于高职院校实施“名师工程”的思考》一文。[⑤]高职院校教学名师的研究热点主要集中于高职院校教学名师基本特征和培养策略，以及高职教师参与各级教学名师评选的分析评价等方面。

从教学名师的基本特征来看，庄丽丽等以 20 名获得第四届高校教学名师奖的高职教师为研究对象，统计分析了他们的基本情况和成长经历，得出了高职院校教学名师具备教学效果显著、校企合作能力强、教学改革

① 胡艳琴．高职“双师型”教师通用胜任力模型构建研究［D］．苏州：苏州大学，2008.

② 聂家林．高职院校教师胜任力模型的构建和综合评价［J］．产业与科技论坛，2013（23）：234-236.

③ 刘晶，张祥兰．高职院校教师胜任力模型研究［J］．北京科技大学学报（社会科学版），2013，29（6）：68-73.

④ 李岚，刘轩．高职院校教师绩效评价体系设计分析——基于胜任力模型和 AHP 法［J］．技术与市场，2010，17（11）：167-169.

⑤ 何农，杜政．关于高职院校实施“名师工程”的思考［J］．邢台职业技术学院学报，2002（3）：1-3.

参与度高、自我发展动力足等基本特征。① 王庆辉等分析了近五届国家级教学名师中 79 名高职高专院校入选者的基本情况，发现基本特征主要体现：年轻化，女性比例较高；学历背景偏低，职称结构较为合理；大都担任行政职务，系科负责人的比例最高等。② 从教学名师培养策略方面来看，胡冬艳在对江苏省 10 所高职院校的 80 位教学名师进行问卷调查的基础上，从学校、教师、社会、企业等不同角度提出了高职名师培育的相关建议和措施。③ 冼梨娜阐述了高职院校卓越教师培养的价值追求，分析了高职院校卓越教师培养中存在的问题，并从政策引导、加强培训、强化意识、提高能力 4 个方面探索卓越教师培养的实施路径。④ 蒋玉莲对高职院校教学名师的来源、名额分配、培育体制等方面的缺陷进行了分析与思考，提出名师工程、精品课程及优秀教学团队三位一体培养体系，将教学名师的培养、选拔和管理体制有机地结合起来。⑤ 从教学名师评价评选方面来看，孙新凤分析了十余年来高职院校组织开展名师评选表彰活动的乱象，认为在当前名师培养工作中出现了培养目标脱离实际、动机急功近利、内容片面形式化等误区。⑥

截至目前的文献梳理，还没有发现学者专门针对高职院校教学名师开展能力素质模型研究，但前期高职院校教学名师和教师能力素质模型的研究成果为本研究奠定了良好的基础。

---

① 庄丽丽，刘楚佳．高职教师的专业发展：以教学名师为视角 [J]. 广州城市职业学院学报，2009，3（2）：12-17.

② 王庆辉，杨荣昌，陈敏．高职院校国家级教学名师的基本特征研究及启示 [J]. 中国职业技术教育，2016（36）：45-52.

③ 胡冬艳，王浩．高职院校“教学名师”现状调查分析与思考 [J]. 邢台职业技术学院学报，2012，29（3）：62-64.

④ 冼梨娜．高职院校卓越教师培养的价值追求与实施路径 [J]. 教育与职业，2017（10）：80-82.

⑤ 蒋玉莲．高职院校培养“教学名师”的体制性思考 [J]. 学术论坛，2009，32（11）：196-200.

⑥ 孙新凤．关于高职院校名师培养工作的理性思考 [J]. 当代职业教育，2014（5）：103-105.

2.3 高职院校教学名师的模型建构

2.3.1 研究对象

本书研究对象为高职院校教学名师，考虑到研究对象的代表性和研究实施的可行性，访谈对象的抽取策略遵循质性研究中的“校标抽样”。“校标抽样”指的是：事先为抽样设定一个标准或一些基本条件，然后选择符合这个标准或这些条件的个案进行研究。按照地域、学校和教师设定了标准和条件进行抽样，最终以江苏省高职院校为样本区域，选择获得省级及以上教学名师或类似荣誉称号的专业教师作为访谈对象，包括南京、常州、苏州、无锡、泰州等地区高职院校的教学名师，其中女性 12 名，男性 8 名，国家级教学名师 7 名，省级教学名师 13 名（表 2–1）。根据 Lincoln 和 Guba 的观点，用于访谈目的的样本数量应该大于 12 个[①]。本研究获得有效访谈样本 20 个，符合质性研究的样本要求。

表 2–1 访谈样本基本情况

序号	代号	性别	年龄	教龄	专业	职称	职务	名师级别
1	C1	男	59	37	有机化工	教授	副校长	省级
2	C2	女	57	37	农学园艺	教授	教研室主任	国家级
3	D1	男	56	34	高分子化工	教授	二级学院院长	省级
4	G1	女	54	32	计算机科学	教授	副校长	国家级
5	G2	女	60	38	机械工程	教授	副校长	国家级
6	L1	女	52	29	食品营养与检测	教授	二级学院院长	省级
7	L2	男	54	32	化工机械系过程自动化	教授	校长	国家级
8	T1	女	55	33	营销管理	教授	教师	省级
9	W1	女	46	23	信息管理	副教授	教师	省级
10	W2	女	42	20	机械电子工程	教授	副校长	省级
11	W3	男	45	23	机械电子工程	教授	二级学院院长	省级

① 刘礼艳，刘电芝，严慧一．优秀贫困大学生心理弹性与保护性因素分析［J］．现代大学教育，2013（3）：66-73.

续表

序号	代号	性别	年龄	教龄	专业	职称	职务	名师级别
12	X1	女	54	22	食品与农产品储藏加工	教授	副校长	省级
13	X2	女	52	28	数字动画	教授	二级学院院长	省级
14	Y1	男	55	32	数字化设计与制造技术	教授	教务处处长	国家级
15	Z1	女	53	31	纺织品设计	教授	科研处处长	省级
16	Z2	男	50	27	锻压设计及工业设备	教授	二级学院书记	省级
17	Z3	女	55	32	生物工程	教授	教务处处长	省级
18	Z4	女	54	31	纺织工程	教授	组织部部长（教务）	省级
19	Z5	男	56	34	林学（草坪）	教授	副校长	国家级
20	Z6	男	57	33	数控技术	教授	二级学院院长	国家级

2.3.2 研究方法

本研究主要采用“行为事件访谈法”（简称 BEI）和扎根理论分析法开展研究，同时辅助“画生命线图”和专家咨询法，最后运用 Nvivo8.0 质性分析软件进行数据统计和分析。

2.3.2.1 行为事件访谈法

行为事件访谈法是用于能力素质特征研究的主要工具，采用开放式、行为回顾式的探索技术，帮助访谈对象回忆和阐述自己成长为教学名师历程中最成功（最出色）的三件事和最失败（最遗憾）的三件事，包括每个事件发生的背景、过程、个人的行为、结果及感悟等。

2.3.2.2 扎根理论研究法

扎根理论研究法是 Anselm Strauss 和 Barney Glaser 在 1967 年提出的一种自下而上的质性研究方法，事先不设理论假设，以原始资料为依托，从中归纳、概括、提炼概念与范畴，并逐步构建出相应的理论。该方法非常适用于访谈资料的分析。

2.3.2.3 画生命线图画

生命线图这一方法由 Johannes L.Brandl 和 Marian David 提出，如图 2-1 所示。生命线图可以用来描述一个人的发展历程与感受，图中的横坐标表示年龄，也表示名师成长的历程；纵坐标表示产生深刻影响的关键事件和感情起伏程度（虚线以上为成功事件的重要程度，程度依次为 1 至 10；虚线以下为失败事件的遗憾程度，程度依次为 -1 至 -10）。通过绘制“生命线图”，访谈对象能在回顾其成长历程中，更好地聚焦于影响其成长的关键事件。[①]

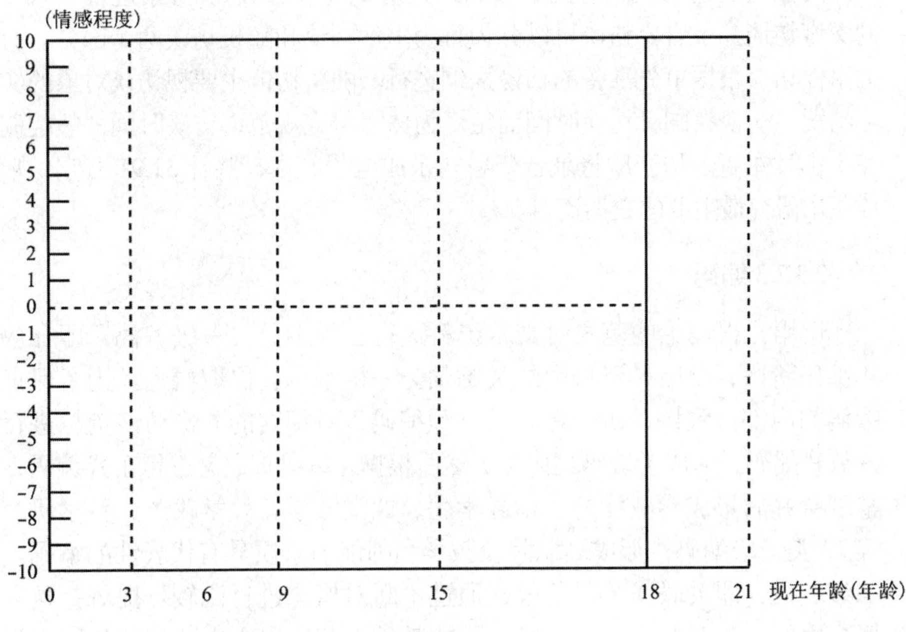

图 2-1 生命线图

2.3.2.4 专家咨询法

专家咨询法又称德尔菲法（Delphi），就高职院校教学名师能力素质特征的初步结果、高职院校教学名师的培育与管理的现状对部分高职院校

① 刘礼艳，刘电芝，严慧一．优秀贫困大学生心理弹性与保护性因素分析［J］．现代大学教育，2013（3）：66-73.

领导、教育行政部门领导和职教研究机构等方面的专家进行咨询。

2.3.3 研究程序

2.3.3.1 前期准备

前期准备主要包括确定研究方案、拟定访谈提纲与访谈协议、进行行为事件访谈法模拟练习等。

2.3.3.2 访谈

两位接受过访谈训练的高校教师，对 20 位正式访谈对象进行一对一的深度访谈并录音。访谈可以分为行为事件访谈和随机访谈两个部分。行为事件访谈根据事先准备的访谈提纲进行。随机访谈主要视访谈对象的实际情况、访谈氛围、访谈时间而定。为保障研究规范，访谈时间一般控制在 1 小时左右。访谈后将录音资料转录成电子文本，共计 31.91 万字，形成了本研究最主要的数据资料。

2.3.3.3 编码

运用扎根理论的范式对文本资料进行三级编码。一级编码，即开放式编码阶段，以原始资料中的关键词为基础编码，提取概念。为了保证编码的内部一致性，研究者先进行预编码，对相同的 6 份访谈资料进行开放式编码，形成《编码词典》。然后根据《编码词典》进行正式编码，整理合并后形成专业能力、指导学生、课堂教学、教学改革、科学研究等 23 类一级编码，形成高职院校教学名师能力素质具有代表性的编码。二级编码，即关联式编码阶段，通过不断对概念进行比较、提炼，建立概念之间的相互联系，在一级编码的基础上归纳出六大范畴，分别为教学科研、实践素质、管理能力、发展能力、个性态度和内在动机。三级编码，即核心式编码阶段，是为了获得理论概念的密度、变异度和高度的整合性而进行编码的系统性理论构建，属于理论性抽样。研究者通过反复推敲已有类别之间的联系，最后根据冰山理论，形成外显性能力素质和内隐性能力素质两类核心式编码。

2.3.4 研究结果

美国著名心理学家麦克利兰建立了职业能力素质冰山模型。作为职业能力的外在表现，如知识、技能等很容易被发现，被认为是露出水面的冰山部分，可以测量并进行量化，还可以通过后天培训得到发展。根据冰山理论，高职院校教学名师能力素质的核心要素可以分为外显性能力素质和内隐性能力素质两类。

2.3.4.1 外显性能力素质

外显性能力素质是教师职业能力的外在表现，如知识、技能等。根据冰山理论，外显性能力素质被认为是露出水面的冰山部分，可以测量并进行量化，还可以通过后天培训得到发展。本研究中高职教学名师的外显性能力素质归纳为教学科研能力、管理能力、实践能力、发展能力四个核心要素。

（1）教学科研能力。该能力是教学名师的基本能力素质，也是访谈中提及最多的核心能力素质，其包含的开放式编码按提及人数多少排序，分别为专业能力、指导学生、课堂教学、教学改革、科学研究。

（2）管理能力。在调研中发现，教学名师一般都是教学科研团队的负责人、系部或学院领导甚至不少是校领导，所以出色的管理能力成为教学名师的鲜明特点。所有访谈对象都提到管理能力是教学名师的核心素质，共提及108次，其包含的开放式编码按提及人数多少排序，分别为领导团队、沟通协调、统筹规划、合作分享和执行能力。

（3）实践能力。高职院校相比普通本科院校最大的特点是实践性，所以实践能力也是高职院校教学名师具备的显著特性。访谈对象中18人共56次提到实践能力为教学名师的核心能力素质，其包含的开放式编码按提及人数多少排序为校企合作、企业实践、技能大赛。

（4）发展能力。发展能力指的是帮助自我完善，不断提升自己的能力，这种能力决定着个人成长的空间和速度。访谈对象中共17人117次提及发展能力的重要性，其包含的开放式编码按提及人数多少排序，分别为总结思考、学习提升和探索创新。

2.3.4.2 内隐性能力素质

内隐性能力素质是处于冰山下面的自我观念特征及个人特质等因素。这些特征因素一般不会直接呈现甚至不易察觉，且具有相对的稳定性。但这些特征因素可以通过日积月累的实践或培训形成相应的经验，一定程度上是影响人们行为的关键因素。良好的隐性素质能为个人发展提供明确的奋斗方向和强有力的原动力，激发出个人的积极性、主动性和创造性，形成强大的信念和意志力。本研究发现教学名师的内隐性能力素质主要包括个性态度和内在动机两个核心要素，对教学名师的成长和发展起到至关重要的促进作用。

个性态度。个性就是个体独有的，并有别于其他个体的整体特性，是个体思想、情绪、价值观、信念、感知、行为与态度的总称，具有一定倾向性的、稳定的、本质的心理特征总和，影响个体如何审视自己以及周围的环境。访谈对象中有 19 人提到，共提及 132 次。其包含的开放式编码按提及人数多少排序分别为责任担当、锲而不舍、良好心态（平和）、上进心强。

内在动机。内在动机是一种心理倾向或内部驱力，用于激发和维持有机体的行动并导向某一目标。

2.3.5 研究的信度和效度

为保证研究的信度，研究者运用归类一致性指数（CI）进行评估，即为对同一材料编码归类相同的个数占编码总数的百分比，表示为 $CI=2\times T_1 \cap T_2/T_1 \cup T_2$，其中 T_i（i=1，2）表示编码者 i 的编码个数；$T_1 \cap T_2$ 表示两位编码者相同的编码数；$T_1 \cup T_2$ 表示两位编码者总的编码数。在教学名师能力素质的编码中，对相同的 6 个文本进行编码，具体参数为：$T_1=107$，$T_2=106$，$T_1 \cap T_2=87$，$T_1 \cup T_2=213$，则 CI=0.817。结果表明本研究对文本内容的研究具有良好的归类一致性。

为保证研究的效度，研究者一方面采用原始资料检验法，在编码的各个阶段返回原始资料进行核查；另一方面采用专家咨询法进行检验，先后咨询 6 位职业教育专家的意见建议，确保正确诠释文本，保证了研究的可靠性和有效性。

高职院校教学名师能力素质模型的构建很好地回答了“教学名师的能力素质主要体现在哪些方面”这一问题，也为高职院校教学名师的选拔、培养和管理找到依据与标准。将能力素质模型应用于高职院校人力资源管理系统，可以科学地评价教师能力素质的现状，挖掘能力素质方面的潜能，并有效驱动人力资源管理各板块的协同联动，从而提高师资队伍建设质量和高职院校的核心竞争力。

2.4　本章小结

本章从地域、学校和教师三个维度设定标准和条件遴选高职院校教学名师 20 名，运用行为事件访谈法和扎根理论分析法构建了高职院校教学名师能力素质模型。该模型包括外显性能力素质和内隐性能力素质两个大类，教学科研能力、管理能力、实践能力、发展能力、个性态度、内在动机 6 个维度，以及专业能力等 23 项能力素质特征要素。

3 高职院校青年教师核心能力素质的模型构建

3.1 问题提出

高职教育已逐步成为我国高等教育的重要组成部分，但其师资力量不足、教学质量不高的问题成为制约高职教育发展的瓶颈。《中国教育改革和发展纲要》强调指出："振兴民族的希望在教育，振兴教育的希望在教师。"而从质的方面考虑，青年教师在素质与能力方面，与老教师相比仍有很大差距。青年教师本身也在苦苦寻找突破口，若对青年教师所面临的困境调适措施不当，就会影响到青年教师队伍的稳定和专业发展。为此，如何提升青年教师的能力素质，进而将这支年轻的队伍培育好、建设好，逐步实现教师队伍的新老交替，是高职院校面临的重要现实问题，也是高职院校能否实现可持续发展的关键所在。

已有研究探讨高职院校教师的能力素质模型，如刘晶、张祥兰从教师的教学、职业和实践素养、个性特质和人际管理等方面构建了高职院校教师胜任力模型[①]。胡维芳、翟友华从生理—心理素质、规范—道德素质、知识—文化素质和技能—能力素质 4 个方面构建了高职教师专业素质评价指标[②]。俞亚萍、刘礼艳从教学科研能力、管理能力、实践能力、发展能力、个性态度、内在动机 6 个维度构建了高职院校教学名师的能力素质模

① 刘晶，张祥兰．高职院校教师胜任力模型研究［J］．北京科技大学学报（社会科学版），2013，29（6）：68-73.

② 胡维芳，翟友华．高等职业教育教师专业素质评价指标体系构建研究．苏州大学学报（教育科学版），2019，7（4）：88-96.

型[①]。但用质性研究的方法探讨高职青年教师的能力素质模型的研究较少，这不利于提升和培养青年教师的能力素养。本研究从构建高职青年教师的能力素养为切入点，探索高职青年教师的能力素养及其影响因素，以期为提高高职青年教师的能力素质提供一定的理论支持。

3.2 研究方法

3.2.1 研究对象

"校标抽样"是事先为抽样设定一个标准或一些基本条件，然后选择符合这个标准或这些条件的个案进行研究[②]。本研究的对象为高职青年教师，设定条件是抽取的高职青年教师年龄要小于40周岁，依据以上标准，抽取了访谈对象15人，有效的访谈对象14人，其中女性的访谈对象6人，男性的访谈对象8人，具体见表3–1。

表3–1 高职青年教师信息表

教师代号	性别	年龄	学校	专业	职称
L1	男	35	职业技术学院	模具专业	讲师
L2	男	37	职业技术学院	模具专业	副教授
S1	男	35	职业技术学院	动画设计	讲师
C1	女	38	职业技术学院	市场营销	讲师
C2	男	32	职业技术学院	电气自动化	讲师
Z1	女	35	职业技术学院	电子信息专业	讲师
X1	男	34	职业技术学院	机械加工	副教授
F1	女	32	职业技术学院	机械设计理论	讲师
X2	男	28	职业技术学院	机械	讲师
J1	男	36	职业技术学院	电子信息专业	副教授
Y1	男	36	职业技术学院	电气自动化	讲师
Z2	女	34	职业技术学院	电子信息专业	讲师
Z3	女	39	职业技术学院	园林园艺	副教授
J2	女	32	职业技术学院	电子信息	讲师

① 俞亚萍，刘礼艳．高职院校教学名师能力素质模型建构．中国职业技术教育，2019（33）：86-92.

② 陈向明．质的研究方法与社会科学研究［M］．北京：教育科学出版社，2000.

3.2.2 访谈方法

借鉴已有的理论和研究成果，编制半结构化的访谈提纲。访谈提纲通过研究团队多次讨论、修改而确定。访谈提纲包括指导语，开放式的访谈问题等。访谈采用“关键事件访谈法”进行访谈。“关键事件访谈法”，即访谈不是要求对象事无巨细地逐一叙述，而是要求对象列出他们经历的关键事件，并描述整个过程的起因、过程、结果、时间、相关人物，涉及的范围及自己当时的想法或者感想[①]。这样访谈的过程就能始终聚焦于对自己有影响的最重要事件上，以避免谈话过于琐碎和偏离主题。本研究抓住访谈对象的关键事件进行重点深入访谈，使访谈对象能着重回忆与能力素质相关的重要事件。本研究在访谈过程中聚焦在访谈对象在高职青年教师工作中最成功（最出色）的三件事和最失败（最遗憾）的三件事，包括每件事发生的背景、过程、个人的行为、结果及感悟等。

3.2.3 资料分析方法

本研究运用扎根理论的范式来分析资料。首先将对高职青年教师能力素质的访谈文本导入 Nvivo11.0 质性分析软件，在对高职青年教师能力素质进行分析时，先采用扎根理论范式的一般程序对访谈文本进行分析，即对访谈文本进行三个不同层次的编码：开放编码、轴心编码、选择编码[②]。在开放编码阶段，对高职青年教师能力素质进行逐句编码。然后根据类属性对保留的开放编码进行进一步归纳建立轴心编码。最后在轴心编码的基础上归纳出选择编码。同时引入量化分析的方法，将提及的人数和次数呈现出来进行对比分析。

3.3　研究结果及分析

3.3.1 开放编码

开放编码是将资料打散，赋予概念，然后再以新的方式重新组合起来的操作化过程。目的是从资料中发现概念类属，对类属加以命名，确定类

---

① 刘电芝．教育与心理研究方法 [M]．合肥：安徽教育出版社，2011.

② 陈向明．质的研究方法与社会科学研究 [M]．北京：教育科学出版社，2000.

属的属性和维度，然后对研究的现象加以命名及类属化[①]。基本环节包括：为现象命名（贴上概念标签）—发现类属—命名类属—发展类属的属性和维度。遵循上述编码流程，对14份访谈资料进行逐句编码，共析出198个概念标签，保留提及人数一半以上的开放编码。最后提取提及人数7人以上的30个开放编码，如专业知识、专业技能、课堂教学、教学改革、教学反思、科研重要、科研需求、企业实践、校企合作、技能大赛、学生管理、规划、组织协调、执行力、学习提升、思考总结、良好心态、责任心、努力、坚持、职称评审、利益驱动、爱岗敬业、为了学生、目标明确、学校支持、领导支持、带教老师支持、同事支持、学生支持等。本研究选择C2的部分材料进行开放性编码示例，结果如表3-1所示。

3.3.2 轴心编码

在轴心编码阶段，我们在上述代码的基础上，形成了10个类属及其属性和维度，分别为教学能力、科研能力、实践能力、学生管理能力、专业能力、问题解决能力、自我发展能力、积极心理品质、外部动机和内部动机。具体见表3-2和表3-3

（1）专业能力。该能力是高职青年教师的基本能力素质，是高职青年教师之所以能够成为专业教师的立身之本，专业能力包含的开放编码有专业知识、专业技能。如J1提道："对我们职业院校有一个最大的特点就是老师不光要有专业知识，技能性的东西也要强，操作性的东西也要很强的，这个也是蛮重要的。"可见，高职青年教师的专业能力不仅包括专业知识，还包括专业技能，正是由于有专业知识和专业知识基础上的专业技能，使之成为高职教师。

（2）教学能力。教学是高职青年教师最重要的工作之一，因此教学能力是高职青年教师必备的能力素质。教学能力包含的开放编码为教学改革、课堂教学和教学反思。如C1提道："我会寻找一种方法，让我的学生也能听懂我所说的东西，让我的学生立马懂，很复杂的东西经过我的解析以后大家都听懂了。"可见在教学能力中，高职教师能够根据学情不断地尝试教学改革，做好课堂教学，在课堂教学后进行教学反思，以提高自己的教学能力，更好地服务学生。

① 陈向明．质的研究方法与社会科学研究［M］．北京：教育科学出版社，2000.

表 3-2 C2 资料编码示例

原始资料（节选）	一级：开放编码	二级：轴心编码		
我觉得做得比较有特色的是学校和企业的合作这一块，因为我是踏踏实实在做，我并不是说我为了申报某一个项目去做，我只是为了帮助学生更好地去适应将来的这个工作环境，我觉得对学生有利，其实对我而言也是一种锻炼，也是一种提升。因为我接触了大量的案例，又丰富了我的课堂教学，让我的课堂教学的理论知识不再局限于书本理论的一些知识，我可以把它和企业案例结合在一起，然后更有效地让学生去明确自己未来的一个就业方向。当然，在这里面也会遇到问题，但是遇到问题不怕问题，能用自己的专业能力解决的问题都不叫问题，自己解决不了的找外部资源想办法去解决问题。在校企合作中，也需要一定的管理，去规划和协调项目的进度和人员的调度。	学校企业合作	实践能力	校企合作	重视—不做
	踏踏实实	积极心理品质	良好品质	踏实—敷衍
	为申报项目	外部动机	申报项目	申报—不申
	帮助学生	科研能力		
	对学生有利	内部动机	爱岗敬业	爱—不爱
	锻炼提升	自我发展能力	自我提升	提升—落后
	丰富课堂教学	教学能力	课堂教学	丰富—贫乏
	理论联系实际	实践能力	理论联系实际	结合—脱离
	明确学生就业	学生管理能力	指导学生	有效—无效
	不怕问题	积极心理品质	良好品质	解决—怕
	专业能力	专业能力	专业能力	运用—不会
	找外部资源	社会支持	寻求外部支持	解决—不做
	管理			
	规划和协调	管理能力	规划和协调	高—低

表 3-3 高职青年教师资料编码

选择编码	轴心编码	开放编码
职业能力素质是高职青年教师进行工作的必要能力素质	专业能力	专业知识、专业技能
	教学能力	课堂教学、教学改革、教学反思
	科研能力	科研重要、科研需求
	实践能力	企业实践、校企合作、技能大赛
基本能力素质是托起高职青年教师职业能力素质的底层能力和个性素质	管理能力	规划、组织协调、执行力、学生管理
	自我发展能力	学习提升、思考总结
	积极心理品质	良好心态、责任心、努力、坚持
内外驱力影响推动个体能力素质的发挥和发展	外部动机	职称评审、利益驱动
	内部动机	爱岗敬业、为了学生、目标明确
社会支持是影响个体能力素质的外在影响因素	社会支持	学校支持、领导支持、带教老师支持、同事支持、学生支持

（3）科研能力。科研成果是高职青年教师评职称的重要指标，所以科研能力也是高职青年教师需要具备的能力素质。科研能力包含的开放编码有科研重要、科研需求。如 F1 提道："科研就是要能够基本满足，因为在这方面肯定是有的人强，有的人弱，在搞好教学的情况下可以有一定的教研能力，如果一点能力都没有的话，那样肯定也不行。"可见对于高职青年教师来说，都能意识到科研的重要性，但大部分青年教师都坦言科研是其薄弱环节。

（4）实践能力。高职院校相比普通本科院校最大的特点是实践性，所以实践能力也是高职院校青年教师具备的显著特性。实践能力包含的开放编码有企业实践、校企合作、技能大赛。如 C2 提道："我下企业实践的时候，师傅会教我很多，因为我以教学的目的去学习的，最终我还是会回到学校，所以他们很愿意去教我。"可见高职青年教师通过在企业实践中提升自己的实践能力，在校企合作中拓展自己和学生的实践能力，在技能大赛中指导学生提升学生的实践能力。

（5）管理能力。高职青年教师在日常的工作中时常会遇到学生管理工作及一些需要解决的问题，管理能力也成为高职青年教师的能力素质之一。管理能力包含的开放编码有规划、组织协调、执行力及学生管理。如 S1 提道："我觉得体现的是组织协调能力，其实比赛是一方面，更多的有很多因素。比如说你组织的比赛应该怎样安排，怎么去协调，老师和老师之间怎么去协调，学生之间怎么去选拔，其实这是一个组织和协调方面的工作。"可见，高职青年教师的管理能力体现在遇到问题或者遇到需要攻克的目标时，首先进行规划，然后进行组织协调相关的人力或资源，最终问题的解决或目标的实习还取决于执行力。同时，高职青年教师进行教育的对象是学生，在日常的管理和教学过程中会涉及学生管理，其中也体现了其管理能力。

（6）自我发展能力。教师这个行业是一个常备常新的行业，是需要根据时代的变化和学生的变化来调整和更新自己的教育教学内容和形式，因此，自我发展能力是高职青年教师重要的能力素质之一。其包含的开放编码包括自我发展能力、学习提升和思考总结。如 S1 提道："我愿意上一点新课，想多学点东西。上新课的时候，我会通过网上资源、书籍、培训等方式提升自己。"可见，高职青年教师通过学习提升来更新自己的知识结构、教学方法等提升自己未来的竞争力，通过思考总结来将过去的经验化作自我提升的途径。

（7）积极心理品质。积极心理品质是高职青年教师重要的个性素质，其包含的开放编码包括努力、良好心态、责任心和坚持。如C2提道：“既然我选择教师这个岗位，我就要付出，或者说是我要有具备这个岗位所要具备的责任心。”可见大部分高职青年教师拥有努力、良好心态、责任心和坚持等积极心理品质，其中良好心态是高职青年教师进行为人处世的底色，责任心是高职青年教师做好教师行业的责任担当，努力和坚持是高职青年教师保持积极进取的品质保证。

（8）外部动机。外部动机是高职教师进行能力素质提升的重要的外部动力，其包含的开放编码包括职称评审、利益驱动。如X2提道：“现在评职称的指标比较紧，我读了博士以后评职称就会有机会直接申报副教授。”可见，高职青年教师最重要的外部动机是职称评审，职称更上一层对于高职青年教师来说，能够在专业上得到认可，在收入上得到提升，有着精神和物质的双重激励。利益驱动也是高职青年教师的外部动机，有利益的驱使，高职青年教师也会督促自己更加奋进。

（9）内部动机。内部动机是高职教师进行提升能力素质的重要内驱力，其包含的开放编码包括为了学生、爱岗敬业、目标明确。如C2提道：“甘愿为学生付出的动力，我觉得是爱岗敬业，爱岗敬业要落地，我觉得就是体现在要去关心学生，帮助学生。”可见内部动机作为影响高职青年教师重要的内部驱动力。其中为了学生是高职青年教师进行良心教学的重要心理基础，爱岗敬业是高职青年教师热爱教师岗位，为教师事业倾注热情的重要内在动机，目标明确是高职青年教师为实现目标进行努力奋进的指引明灯。这些内部动机共同影响着外在的行为表现。

（10）社会支持。社会支持是高职教师能力素质提升的重要影响因素，其包含的开放编码有学校支持、领导支持、带教老师支持、同事支持、学生支持等。如L2提道：“我们进来都有带教老师，这个带教老师对我们的帮助还是非常大的。不管是在班主任班级管理还是教学带教老师都给了我很大的帮助。”可见，外部支持作为影响高职教师能力素质形成的重要外部条件，其中学校支持为高职青年教师能力素质形成和提升提供了重要的环境基础，领导支持提供了重要的领导指引和帮助，带教老师提供了重要的实际帮助，在教学、科研、实践及学生管理领域提供了全方位的指导，同事支持是高职青年教师重要的同盟军，而学生支持则是高职青年教师能力素质提升的重要盟友和推动力。

3.3.3 选择编码

研究通过对 14 个访谈材料进行开放编码和主轴编码基础上，对各个概念类属之间的关系进行反复分析和比较，进一步归纳出高职青年教师能力素质的选择编码为：①职业能力素质是高职青年教师进行工作的必要能力素质，包括专业能力、教学能力、科研能力、实践能力；②基本能力素质是托起高职青年教师职业能力素质的底层能力和个性素质，包含管理能力、自我发展能力及积极心理品质；③内外驱力影响推动个体能力素质的发挥和发展；④社会支持是影响个体能力素质的外在影响因素。

3.3.4 理论饱和度检验

质性研究一般通过理论饱和度检验来检验编码的有效性。研究以预留的 2 个受访者文本来进行理论饱和度的检验。首先，对两个预留的高职青年教师进行能力素质及影响因素方面的编码；其次，看这些编码是否都在已有的编码范畴中。检验结果显示，理论模型中的概念范畴已发展完备，除了高职青年教师能力素质的十个主范畴（职业能力素质的专业能力、教学能力、科研能力、实践能力和基本能力素质中的管理能力、自我发展能力及积极心理品质以及外部动机、内部动机、社会支持）以外，没有再发现新的范畴，且范畴内部也未发现新的开放编码。可以认为，通过扎根理论得出的“高职青年教师能力素质及影响因素”在理论上已经达到了饱和。

3.4　高职青年教师的能力素质及其影响因素的模型构建

本研究对高职青年教师能力素质以及影响因素进行探讨，拟构建高职青年教师能力素质及影响因素的模型。结合已有的文献以及开放编码、轴心编码和选择编码之间的逻辑关系，构建了高职青年教师能力素质及影响因素的理论模型，见图 3−1。

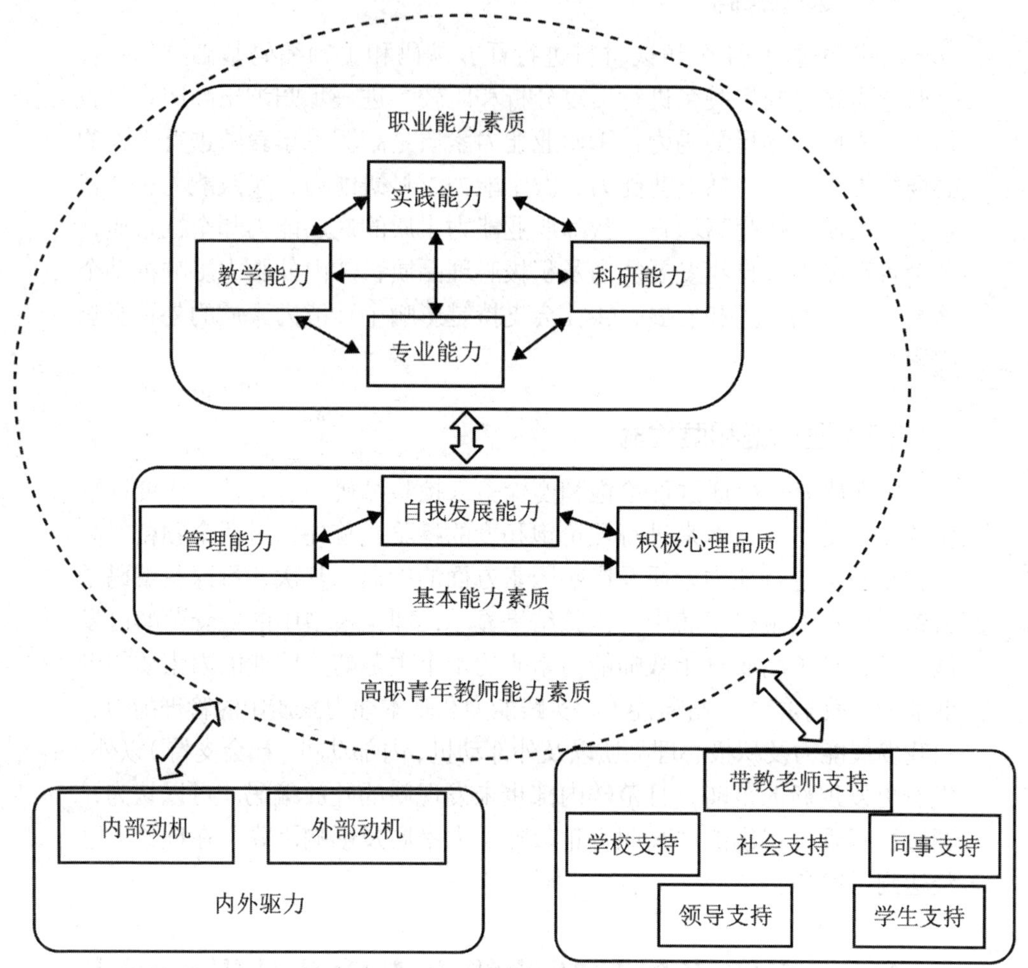

图 3-1 高职青年教师的能力素质及影响因素模型构建

如图 3-1 所示，在高职青年教师能力素质模型中，高职青年教师能力素质包括职业能力素质和基本能力素质。高职青年教师的职业能力素质包括专业能力、教学能力、科研能力、实践能力 4 个方面。一般认为，现代高等学校具有三种职能：培养专门人才、发展科学知识、为社会服务，即教学、科研和为社会服务。这些职能要求高职青年教师应当具有教学能力、科研能力、实践能力。而专业能力是教学能力、科研能力和实践能力的知识技能基础，四者共同构成了高职青年教师的职业能力素质。同时，专业能力、教学能力、科研能力和实践能力相互之间也是相互影响和相互促进的。高职青年教师基本能力素质包括管理能力、自我发展能力和积极心理品质3个方面。管理能力、自我发展能力和积极心理品质三者之间相互影响、相互促进。高职青年教师基本能力素质和职业能力素质之间也是相互影响、相互促进。其中，高职青年教师基本能力素质是其职业能力素质的底层能力和提升保障，职业能力素质是其基本能力素质在工作中的体现。

在高职青年教师能力素质影响因素模型中，高职青年教师能力素质影响因素中包含内外驱力和社会支持。其中内、外驱力包括内部动机和外部动机，内、外驱力影响推动个体能力素质的发挥和发展。社会支持是影响高职青年教师能力素质的外在影响因素。内、外驱力和社会支持共同影响着高职青年教师能力素质的形成，推动着高职青年教师能力素质的提升和发展。

3.5 研究的信度效度

该研究属于质性研究，质性研究一般通过归类一致性指数来保障研究的信度，通过研究者检核、研究对象检核来验证研究的效度[①]。

在信度方面，质性研究运用归类一致性指数来评估编码的信度评估。从研究结果看，研究结果的有效性建立在编码的有效性上，因此规避编码的主观性是保证研究有效性的很重要的方面。因此，研究采用两名编码者对同一批访谈文本的进行编码，计算归类相同的个数占编码总个数的百分比：$CI=2\times T_1 \cap T_2/T_1 \cup T_2$。其中，$T_1$= 编码者 1 的编码个数；$T_2$= 编码者 2 的编码个数。两名编码者对相同的 3 个文本各自的编码总数为：$T_1=181$, $T_2=168$, $T_1 \cap T_2=146$, $CI_1=0.837$。可见本研究的归类一致性可接受。

在效度方面，研究通过研究者检核和研究对象检核来评估研究的效度。研究者检核是指在研究中，研究者在整理和编码阶段，不断地查看原始文本，确保编码和对文本的解释都符合原始访谈资料的原意并和能力素质这个研究主题相符。研究对象检核是指在编码完成后，让研究对象检核编码的过程和编码的结果是否背离他的访谈原意。研究通过研究者检核和研究对象检核来保障研究的效度。

① 陈向明．质的研究方法与社会科学研究 [M]. 北京：教育科学出版社，2000.

3.6 本章小结

运用质性研究的范式，探索高职青年教师能力素质及影响因素的结构模型，为提升高职青年教师能力素质提供理论基础。采用目的性抽样的方式选择了 14 名高职青年教师作为访谈对象，以深度访谈的方法收集资料，并用扎根理论对访谈文本进行编码，在开放编码基础上进一步总结出 10 个轴心编码，分别为专业能力、教学能力、科研能力、实践能力、管理能力、自我发展能力、积极心理品质、外部动机、内部动机和社会支持。研究发现，职业能力素质是高职青年教师进行工作的必要能力素质；基本能力素质是支撑高职青年教师职业能力素质的底层能力和个性素质；内、外驱力影响个体能力素质的发挥和发展；社会支持是影响个体能力素质的外在因素。据此，构建出高职青年教师能力素质及影响因素的理论模型。

4　高职院校青年教师核心能力素养问卷编制及现状研究

4.1　前言

高职教育已逐步成为我国高等教育的重要组成部分，但其师资力量不足、教学质量不高的问题成为制约发展的瓶颈。《中国教育改革和发展纲要》强调指出：“振兴民族的希望在教育，振兴教育的希望在教师。”20 世纪 90 年代以来，我国高校教师队伍面貌发生了巨大变化，大批青年教师走上教学和科研第一线，成为高职院校教学和科研的重要力量。而从质的方面考虑，青年教师在素质与能力方面，与老教师相比仍有很大差距。青年教师本身也在苦苦寻找突破口，若对青年教师所面临的困境调适措施不当，就会影响到这些青年教师队伍的稳定和专业发展。为此，如何提升青年教师的核心素质，进而将这支年轻的队伍培育好、建设好，逐步实现教师队伍的新老交替，是高职院校面临的重要现实问题，也是高职院校能否实现可持续发展的关键所在。因此，研究和提高高职院校青年教师的核心能力素质成为迫切需要解决的问题。本研究从编制高职院校青年教师的核心能力素养问卷为切入点，探索高职年教师的核心能力素养现状和影响因素，以期为提高高职院校青年教师的核心能力素质提供一定的实证支持。

4.2　研究方法

4.2.1 调查对象

本研究采用方法随机抽样，选取高职教师作为调查对象。数据收集采用问卷调查形式。共发放问卷651份，根据明显的重复作答，删除无效问卷7份，共644份问卷，问卷有效回收率为98.9%。随机抽取一半问卷进行探索性因素分析，运用另一半数据进行验证性因素分析。再对问卷进行信度分析和结构效度分析。在参与调查的高职院校青年教师中，其中男教师有228名，占比35.4%；女教师有416名，占比64.6%；平均年龄为32.39±1.78岁。

4.2.2 研究工具

依据已有文献和理论构型，构建高职院校青年教师核心能力素养问卷，设计其初始维度包括教学科研、实践素质、管理能力、发展能力、个性特质、内在动机等维度。初始问卷共包含91个题项。

4.2.3 研究过程

问卷发放由被调查者自行登录问卷星网站作答（网址：https：//www.wjx.cn）。先将制作好的问卷发送至问卷星网站，再共享至高职教师群，邀请高职院校青年教师作答。问卷均为自陈量表，采用Likert式的计分方式，要求被试者按照题干描述符合自身情况的程度作答。

4.2.4 统计方法与统计软件

统计软件为Excel2010、SPSS19.0、AMOS7.0。统计方法包括探索性因素分析、验证性因素分析、描述统计。

4.3 研究结果

4.3.1 探索性因素分析

为保证因素分析质量，首先进行项目分析。采用如下标准筛选题项后进入因素分析：第一，剔除与问卷总分相关不显著或者相关系数小于0.3的题项；第二，将题项按照问卷总分升序，将排序位于前后27%作为低分组和高分组，再对每个题项的高分组和低分组进行独立样本t检验，剔除不显著的题项。按照上述标准，高职院校青年教师核心能力素养问卷没有删除题项。91个题项进入下一步的因素分析。

其次进行探索性因素分析，探索性因素分析结果显示KMOS为0.943，Bartlett球形检验在0.000水平上显著，数据表明，该问卷适合做探索性因素分析。采用主成分分析法抽取共同因素，根据碎石图和特征根值大于1的标准确定因素数目，再采用方差最大旋转法确定每个题项的因素负荷。根据以下标准筛选题项：第一，剔除在单个因素负荷小于0.40的题项；第二，剔除两个因素负荷超过0.35的题项。剔除符合上述标准的题项后，再重复进行探索性因素分析，共剔除题项53个，保留题项38个。共抽取因素7个，解释方差变异量为70.235%，依据题项的意义对因素进行命名。

因素一共计11个题项，主要描述的是高职院校青年教师的积极心态、责任心、上进心等，综合这些项目的意义，将其命名为积极心理素质；因素二共计7个题项，主要描述的是高职院校青年教师的校企合作、实践能力等，综合这些项目的意义，将其命名为校企实践能力；因素三共计8个题项，主要描述的是课堂教学、教学改革等，将其命名为教学能力；因素四共计3个题项，主要描述的是领导能力和组织能力，将其命名为领导组织能力；因素五共计3个题项，主要描述的是在规定的实践完成任务、该做的事情立马去做等，将其命名为执行能力；因素六共计3个题项，主要描述的是指导学生学习、个人规划和就业等，将其命名为指导学生；因素七共计3个题项，主要描述的是更新专业知识、提升自己等，将其命名为学习提升（见表4-1）。

表4-1 高职院校青年教师核心能力素养问卷探索性因素分析结果

	积极心理素质	校企实践能力	教学能力	领导组织能力	执行能力	指导学生能力	学习提升能力
V73	0.799						
V75	0.794						
V70	0.778						
V79	0.755						
V74	0.751						
V78	0.75						
V71	0.724						
V83	0.716						
V76	0.687						
V81	0.685						
V80	0.664						
V34		0.852					
V35		0.805					

续表

	积极心理素质	校企实践能力	教学能力	领导组织能力	执行能力	指导学生能力	学习提升能力
V33		0.788					
V38		0.786					
V32		0.755					
V39		0.744					
V27		0.709					
V12			0.791				
V9			0.77				
V7			0.741				
V6			0.723				
V5			0.704				
V3			0.702				
V10			0.675				
V4			0.637				
V45				0.809			
V46				0.791			
V44				0.745			
V56					0.747		
V55					0.701		
V57					0.619		
V22						0.798	
V23						0.681	
V24						0.594	
V63							0.683
V62							0.636
V64							0.554
特征值	7.366	5.652	5.285	2.781	2.018	1.820	1.768
因素载荷贡献率	19.38%	14.87%	13.91%	7.32%	7.32%	4.79%	4.65%

4.3.2 信度分析

自编的测验得来的数据是否可靠、稳定，直接关系到测验本身结果及其推论的可信度和说服力。本研究主要考察测验的克朗巴哈 α 系数和分半系数。

表 4–2 高职院校青年教师核心能力素养的信度

	内部一致性信度	分半信度
核心能力素养总体	0.957	0.790
积极心理素质	0.939	0.903
校企实践能力	0.927	0.884
教学能力	0.903	0.888
领导组织能力	0.908	0.814
执行能力	0.821	0.717
指导学生能力	0.780	0.719
学习提升能力	0.897	0.784

从表 4–2 中可以看出，高职院校青年教师核心能力素养问卷的总体内部一致性信度为 0.957，分半信度是 0.790。各分维度的内部一致性在 0.780 ~ 0.939 之间，分半信度在 0.717 ~ 0.903 之间，可见高职院校青年教师核心能力素养问卷及其各分维度信度良好。

4.3.3 结构效度分析

效度（Validity）即有效性，它是指测量工具或手段能够准确测出所需测量的事物的程度。本研究对测验的结构效度进行评估。根据测量学基本原理，测验总体与部分相关程度高于部分与部分之间的相关性，同时部分与部分之间的相关性适中，表明测验整体的结构效度比较高。

表 4–3 高职院校青年教师核心能力素养的结构效度

	Z	1	2	3	4	5	6	7
核心能力总体 z	1	0.779	0.776	0.808	0.733	0.700	0.653	0.791
积极心理素质 1	0.779	1	0.340	0.528	0.458	0.701	0.439	0.606
校企实践能力 2	0.776	0.340	1	0.530	0.584	0.343	0.451	0.591

续表

	Z	1	2	3	4	5	6	7
教学能力3	0.808	0.528	0.530	1	0.506	0.497	0.551	0.572
领导组织能力4	0.733	0.458	0.584	0.506	1	0.478	0.419	0.555
执行能力5	0.700	0.701	0.343	0.497	0.478	1	0.381	0.526
指导学生能力6	0.653	0.439	0.451	0.551	0.419	0.381	1	0.441
学习提升能力7	0.791	0.606	0.591	0.572	0.555	0.526	0.441	1

从表4–3中可以看出，高职院校青年教师核心能力素养各维度与总体的相关系数在0.653 ~ 0.808之间，属于较强程度的相关，明显高于分测验相互的关联程度。同时，分测验之间的相关系数为0.340 ~ 0.606，呈现中等相关，表明各维度彼此之间是存在一定相关的。这反映了分维度要测评的内容既有相对独立性，又有一定的相通之处，共同构成了有较强内在关联的整体。

4.3.4 验证性因素分析

采用Amos7.0对2因素模型进行验证性因素分析，结果见表4–4与图4–1。

表4-4 高职院校青年教师核心能力素养问卷拟合度检验结果

模型	CMIN	DF	CMIN/DF	NFI	RFI	IFI	TLI	CFI	RMSEA
6因素	2091.787	644	3.248	0.885	0.875	0.918	0.910	0.917	0.059

从上表可以看出模型的拟合指数CMIN/DF=3.248（理想值小于5），NFIRFI、IFI、TLI、CFI值均大于0.85，RMSEA=0.059（理想值小于0.08）。模型的拟合情况比较理想。这些指标均达到了验证性因素分析的指标要求。

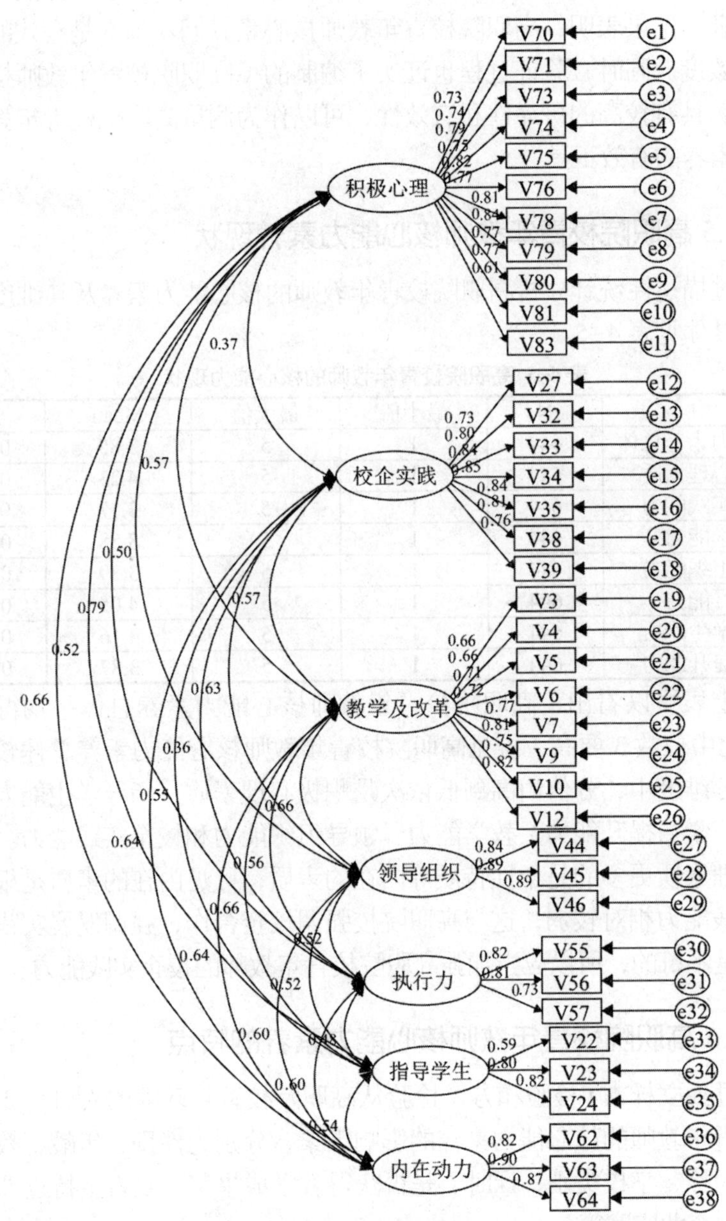

图 4-1 高职院校青年教师核心能力素养问卷验证性因素分析图

通过验证性因素分析，确立了高职院校青年教师核心能力素养问卷为 7 个因素结构，包括积极心理素质、校企实践能力、教学能力、领导组织能力、执行能力、指导学生能力和学习提升能力。

可见，本研究主要使用测验法对高职院校青年教师核心素养问卷模型进行验证。结果表明，高职院校青年教师核心素养问卷基本是有效的，具信度和效度。同时，验证过程也证实了编制的《高职院校青年教师核心素养问卷》具有较高的可靠性和有效性，可以作为测量高职院校青年教师核心能力素养的有效工具。

4.3.5 高职院校青年教师核心能力素养现状

通过描述性统计分析高职院校青年教师的核心能力素养及其维度上的水平，具体见表 4–5。

表 4–5 高职院校青年教师的核心能力现状

	N	最小值	最大值	Mean	SD
核心能力素养总体	644	1	5	3.85	0.54
积极心理素质	644	1	5	4.23	0.56
校企实践能力	644	1	5	3.17	0.94
教学能力	644	1	5	3.88	0.62
领导组织能力	644	1	5	3.39	0.91
执行能力	644	1	5	4.05	0.67
指导学生能力	644	1	5	4.16	0.67
学习提升能力	644	1	5	3.87	0.74

由上表可以看出，高职院校青年教师核心能力素养总体平均得分为 3.85，比中位数 3 要高，可见高职院校青年教师核心能力素养总体较好。在各个分维度中，分值由高到低依次是积极心理素质、指导学生能力、执行能力、学习提升能力、教学能力、领导组织能力和校企实践能力。其中积极心理素质更多的是个性特质等内在的素质，可见内在的素质是根本。校企实践能力相对较弱，这与高职院校强调校企合作、强调发展实践能力的精神是不符的，所以应当加强高职院校青年教师的校企实践能力。

4.3.6 高职院校青年教师核心能力素养的特点

通过独立样本 t 检验和方差检验从高职院校青年教师的人口学变量上来探索青年教师的核心能力素养的影响因素，分别为性别、年龄、教龄、学历、职称、学校类别、课时、是否获得教学成果奖、是否主持过课题、是否有过企业实践等。

4.3.6.1 高职院校青年教师核心能力在性别上的差异

通过独立样本 t 检验高职院校青年教师核心能力在性别上的差异，结果如表 4–6。

表 4–6 高职院校青年教师核心能力在性别上的差异分析

	男（n=228）	女（n=416）	t	p
核心能力总体	3.91 ± 0.52	3.81 ± 0.55	2.25	0.025
积极心理素质	4.2 ± 0.57	4.25 ± 0.55	−1.21	0.226
校企实践能力	3.42 ± 0.85	3.03 ± 0.97	5.15	0.000
教学能力	3.91 ± 0.56	3.87 ± 0.65	0.70	0.487
领导组织能力	3.59 ± 0.82	3.29 ± 0.94	4.23	0.000
执行能力	3.99 ± 0.7	4.09 ± 0.65	−1.68	0.094
指导学生能力	4.21 ± 0.65	4.13 ± 0.68	1.29	0.198
学习提升能力	3.98 ± 0.67	3.81 ± 0.76	2.99	0.003

从表 4–6 中可以看出，在性别上，高职院校青年教师核心能力总体、校企实践能力、领导组织能力和学习提升能力上均有显著性差异，在这四个方面，均是男教师显著高于女教师。在其他的如积极心理素质、教学能力、执行能力、指导学生能力上均没有显著性差异。

4.3.6.2 高职院校青年教师核心能力在年龄上的差异

通过方差检验高职院校青年教师核心能力在年龄上的差异，结果如表 4–7。

表 4–7 高职院校青年教师核心能力在年龄上的差异分析

	30 岁及以下（n=120）	31–35 岁（n=156）	36–40 岁（n=368）	F	p
核心能力总体	3.8 ± 0.54	3.83 ± 0.51	3.87 ± 0.55	1.11	0.330
积极心理素质	4.2 ± 0.59	4.21 ± 0.54	4.26 ± 0.56	0.70	0.499
校企实践能力	2.96 ± 0.95	3.14 ± 0.92	3.25 ± 0.94	4.46	0.012
教学能力	3.85 ± 0.59	3.84 ± 0.61	3.91 ± 0.64	0.88	0.415
领导组织能力	3.45 ± 0.87	3.36 ± 0.95	3.39 ± 0.91	0.35	0.704
执行能力	4.01 ± 0.66	4.07 ± 0.65	4.06 ± 0.68	0.30	0.744
指导学生能力	4.18 ± 0.62	4.2 ± 0.67	4.14 ± 0.69	0.49	0.614
学习提升能力	3.86 ± 0.78	3.85 ± 0.69	3.88 ± 0.75	0.05	0.953

从表 4–7 中可以看出，在年龄上，高职院校青年教师核心能力上除了校企实践能力，在其他的如积极心理素质、教学能力、领导组织能力、执行能力、指导学生能力、学习提升能力上均没有显著性差异。通过 LSD 事后检验，发现在校企实践能力上，0 ~ 30 岁的高职院校青年教师要显著低于 36 ~ 40 岁的高职院校青年教师。

4.3.6.3 高职院校青年教师核心能力在教龄上的差异

通过方差检验高职院校青年教师核心能力在教龄上的差异，结果如

表 4–8。

表 4–8 高职院校青年教师核心能力在教龄上的差异分析

	0–5 年（n=204）	6–10 年（n=209）	10 年及其以上（n=231）	F	p
核心能力总体	3.78± 0.51	3.93± 0.54	3.87± 0.55	2.09	0.101
积极心理素质	4.17± 0.56	4.25± 0.56	4.26± 0.55	1.44	0.231
校企实践能力	3.05± 0.89	3.36± 0.95	3.31± 0.97	2.84	0.037
教学能力	3.8± 0.6	3.99± 0.6	3.92± 0.65	2.56	0.054
领导组织能力	3.39± 0.89	3.41± 1	3.42± 0.91	0.07	0.978
执行能力	4.01± 0.65	4.06± 0.74	4.08± 0.66	0.51	0.678
指导学生能力	4.09± 0.67	4.31± 0.63	4.32± 0.68	3.81	0.010
学习提升能力	3.88± 0.71	3.96± 0.71	3.84± 0.76	0.77	0.514

从表 4–8 中可以看出，在教龄上，高职院校青年教师校企实践能力、教学能力和指导学生能力上均有显著性差异，通过 LSD 事后检验，发现在这 3 个方面上，拥有 6 年及以上教龄的高职院校青年教师要显著高于 0 ~ 5 年教龄的教师。在其他的如核心能力总体、积极心理素质、领导组织能力、执行能力、学习提升能力上均没有显著性差异。

4.3.6.4 高职院校青年教师核心能力在学历上的差异

通过方差检验高职院校青年教师核心能力在学历上的差异，结果如表 4–9。

表 4–9 高职院校青年教师核心能力在学历上的差异分析

	大专（n=10）	本科（n=172）	硕士研究生（n=379）	博士研究生（n=83）	F	p
核心能力总体	3.54± 0.44	3.81± 0.52	3.87± 0.54	3.86± 0.55	1.59	0.191
积极心理素质	3.86± 0.66	4.26± 0.52	4.24± 0.57	4.18± 0.55	1.88	0.132
校企实践能力	2.97± 0.48	3.01± 0.94	3.2± 0.96	3.36± 0.88	3.10	0.026
教学能力	3.73± 0.6	3.84± 0.6	3.92± 0.63	3.8± 0.6	1.46	0.223
领导组织能力	2.97± 0.99	3.36± 0.92	3.4± 0.91	3.47± 0.89	0.97	0.405
执行能力	3.63± 0.81	4.08± 0.61	4.05± 0.69	4.08± 0.66	1.47	0.221
指导学生能力	3.93± 0.62	4.16± 0.7	4.2± 0.66	4.02± 0.69	1.86	0.135
学习提升能力	3.3± 0.67	3.77± 0.73	3.9± 0.74	4.01± 0.68	4.23	0.006

从表 4–9 中可以看出，在学历上，高职院校青年教师校企实践能力和学习提升能力上均有显著性差异，通过 LSD 事后检验，发现在校企实践能力上，学历为硕士及博士研究生的青年教师要显著高于学历为大专和本科的青年教师。在学习提升能力上，学历越高，学习提升能力越强。在其他的如核心能力总体、积极心理素质、教学能力、领导组织能力、执行能力、指导学生能力上均没有显著性差异。

4.3.6.5 高职院校青年教师核心能力在职称上的差异

通过方差检验高职院校青年教师核心能力在职称上的差异，结果如表 4–10。

表 4–10 高职院校青年教师核心能力在职称上的差异分析

	助教（n=109）	讲师（n=406）	副教授（n=96）	F	p
核心能力总体	3.77 ± 0.54	3.85 ± 0.52	3.95 ± 0.58	1.95	0.120
积极心理素质	4.15 ± 0.59	4.25 ± 0.54	4.27 ± 0.59	0.99	0.399
校企实践能力	3 ± 0.96	3.18 ± 0.93	3.37 ± 0.96	3.02	0.029
教学能力	3.85 ± 0.58	3.89 ± 0.62	3.95 ± 0.63	1.06	0.366
领导组织能力	3.39 ± 0.95	3.34 ± 0.89	3.6 ± 0.95	2.28	0.079
执行能力	3.98 ± 0.68	4.04 ± 0.67	4.19 ± 0.63	1.88	0.132
指导学生能力	4.16 ± 0.64	4.17 ± 0.67	4.14 ± 0.69	0.56	0.641
学习提升能力	3.75 ± 0.8	3.88 ± 0.72	3.97 ± 0.75	1.68	0.171

从表 4–10 中可以看出，在职称上，高职院校青年教师的校企实践能力具有显著性差异，通过 LSD 事后检验，发现在校企实践能力上，副教授的青年教师要显著高于助教的青年教师。在其他的如核心能力总体、积极心理素质、教学能力、领导组织能力、执行能力、指导学生能力和学习提升能力上均没有显著性差异。

4.3.6.6 高职院校青年教师核心能力在课时上的差异

通过方差检验高职院校青年教师核心能力在课时上的差异，结果如表 4–11。

表 4–11 高职院校青年教师核心能力在课时上的差异分析

	10 课时以下（n=174）	10 ～ 15 课时（n=282）	16 ～ 20 课时（n=163）	21 至 25 课时（n=25）	F	p
核心能力总体	3.83 ± 0.57	3.84 ± 0.5	3.88 ± 0.55	3.86 ± 0.61	0.30	0.825
积极心理素质	4.26 ± 0.58	4.23 ± 0.54	4.23 ± 0.58	4.12 ± 0.55	0.49	0.687
校企实践能力	3.05 ± 1.01	3.19 ± 0.9	3.24 ± 0.96	3.31 ± 0.85	1.45	0.227
教学能力	3.79 ± 0.68	3.89 ± 0.56	3.94 ± 0.63	4.07 ± 0.72	2.74	0.043
领导组织能力	3.52 ± 0.93	3.36 ± 0.85	3.34 ± 0.93	3.21 ± 1.26	1.78	0.149
执行能力	4.1 ± 0.7	4.04 ± 0.65	4.03 ± 0.67	4.04 ± 0.63	0.32	0.813
指导学生能力	4.15 ± 0.73	4.1 ± 0.63	4.3 ± 0.64	4.03 ± 0.83	3.68	0.012
学习提升能力	3.87 ± 0.77	3.84 ± 0.69	3.91 ± 0.79	3.92 ± 0.67	0.32	0.810

从表 4–11 中可以看出，在课时上，高职院校青年教师的教学能力和指导学生能力具有显著性差异，通过 LSD 事后检验，发现在教学能力上，课时在 16 课时以上的青年教师要显著高于课时在 10 课时以下的青年教师。在指导学生能力上，课时在 16 课时以上的青年教师要显著高于课时在 15

课时以下的青年教师。在其他的如核心能力总体、积极心理素质、校企实践能力、领导组织能力、执行能力和学习提升能力上均没有显著性差异。

4.3.6.7 高职院校青年教师核心能力在学校类别上的差异

通过方差检验高职院校青年教师核心能力在学校类别上的差异，结果如表 4–12。

表 4–12 高职院校青年教师核心能力在学校类别上的差异分析

	国家级示范校（n=195）	省级示范校（n=377）	其他院校（n=72）	F	p
核心能力总体	3.85 ± 0.55	3.85 ± 0.53	3.85 ± 0.55	0.00	0.999
积极心理素质	4.28 ± 0.54	4.21 ± 0.57	4.23 ± 0.57	1.21	0.298
校企实践能力	3.11 ± 0.96	3.21 ± 0.94	3.09 ± 0.94	1.00	0.368
教学能力	3.89 ± 0.59	3.87 ± 0.64	3.92 ± 0.63	0.22	0.807
领导组织能力	3.28 ± 0.98	3.45 ± 0.85	3.41 ± 1.01	2.13	0.119
执行能力	4.1 ± 0.64	4.02 ± 0.68	4.13 ± 0.71	1.50	0.225
指导学生能力	4.13 ± 0.7	4.17 ± 0.68	4.17 ± 0.58	0.28	0.755
学习提升能力	3.86 ± 0.74	3.87 ± 0.73	3.88 ± 0.78	0.03	0.969

从表 4–12 中可以看出，高职院校青年教师核心能力的总体及六个维度，在学校类别上均没有显著性差异。

4.3.6.8 高职院校青年教师核心能力在是否为优秀教师上的差异

用独立样本 T 检验对高职院校青年教师是否为优秀教师方面进行检验，结果如表 4–13。

表 4–13 高职院校青年教师和非高职院校青年教师在核心能力上的差异

	优秀教师（n=51）	非优秀教师（n=593）	t	p
核心能力总体	4.03 ± 0.6	3.83 ± 0.53	2.26	0.028
积极心理素质	4.34 ± 0.62	4.23 ± 0.55	1.37	0.171
校企实践能力	3.58 ± 0.97	3.13 ± 0.93	3.28	0.001
教学能力	3.99 ± 0.69	3.87 ± 0.61	1.31	0.190
领导组织能力	3.68 ± 1	3.37 ± 0.9	2.35	0.019
执行能力	4.18 ± 0.73	4.04 ± 0.66	1.44	0.151
指导学生能力	4.28 ± 0.64	4.15 ± 0.68	1.34	0.181
学习提升能力	4 ± 0.83	3.86 ± 0.73	1.33	0.184

从表 4–13 中可以看出，在是否是优秀教师方面，高职院校青年教师核心能力总体、校企实践能力和领导组织能力上均有显著性差异，在这三个方面，均是优秀教师显著高于非优秀教师。在其他的如积极心理素质、教学能力、执行能力、指导学生能力和学习提升能力上均没有显著性差异。

4.3.6.9 高职院校青年教师核心能力在是否获得过教学成果奖上的差异

通过独立样本 t 检验来探讨高职院校青年教师核心能力在是否获得过教学成果奖上的差异，结果如表 4–14。

表 4-14 高职院校青年教师核心能力在是否获得过教学成果奖上的差异分析

	获得教学科研成果（n=104）	没有获得过教学科研成果（n=540）	t	p
核心能力总体	4.04 ± 0.54	3.81 ± 0.53	3.93	0.000
积极心理素质	4.39 ± 0.51	4.2 ± 0.56	3.07	0.002
校企实践能力	3.51 ± 0.96	3.1 ± 0.93	4.08	0.000
教学能力	4 ± 0.64	3.86 ± 0.62	2.10	0.036
领导组织能力	3.58 ± 0.84	3.36 ± 0.92	2.26	0.024
执行能力	4.21 ± 0.61	4.02 ± 0.68	2.64	0.009
指导学生能力	4.26 ± 0.66	4.14 ± 0.68	1.70	0.089
学习提升能力	4.13 ± 0.66	3.82 ± 0.74	3.97	0.000

从表 4–14 中可以看出，在是否获得过教学成果奖方面，高职院校青年教师核心能力总体、积极心理素质、校企实践能力、教学能力、领导组织能力、执行能力和学习提升能力上均有显著性差异，在这七个方面，均是获得教学科研成果的教师显著高于没有获得教学科研成果的教师。在指导学生能力上没有显著性差异。

4.3.6.10 高职院校青年教师核心能力在是否主持过课题上的差异

通过独立样本 t 检验来探讨高职院校青年教师核心能力在是否主持过课题方面的差异，结果如表 4–15。

表 4-15 高职院校青年教师核心能力在是否主持过课题上的差异分析

	主持过课题（n=187）	没有主持过课题（n=457）	t	p
核心能力总体	3.91 ± 0.53	3.82 ± 0.54	1.91	0.057
积极心理素质	4.28 ± 0.57	4.21 ± 0.55	1.47	0.141
校企实践能力	3.3 ± 0.95	3.12 ± 0.94	2.27	0.024
教学能力	3.87 ± 0.66	3.89 ± 0.61	−0.28	0.777
领导组织能力	3.53 ± 0.84	3.34 ± 0.94	2.51	0.012
执行能力	4.11 ± 0.67	4.03 ± 0.67	1.33	0.183
指导学生能力	4.17 ± 0.69	4.15 ± 0.67	0.31	0.755
学习提升能力	3.99 ± 0.7	3.82 ± 0.75	2.79	0.005

从表 4–15 中可以看出，在是否有主持过课题方面，高职院校青年教师校企实践能力、领导组织能力和学习提升能力上均有显著性差异，在这三个方面，均是主持过课题的教师显著高于没有主持过课题的教师。在核

心能力总体、积极心理素质、教学能力、执行能力、指导学生能力上没有显著性差异。

4.3.6.11 高职院校青年教师核心能力在是否有过企业实践上的差异

通过独立样本 t 检验来探讨高职院校青年教师核心能力在是否有过企业实践经历方面的差异，结果如表 4–16。

表 4–16 高职院校青年教师核心能力在是否有过企业实践上的差异分析

	参加过企业实践（n=368）	没有参加过企业实践（n=276）	t	p
核心能力总体	3.93 ± 0.53	3.74 ± 0.53	4.33	0.000
积极心理素质	4.24 ± 0.57	4.22 ± 0.55	0.56	0.578
校企实践能力	3.42 ± 0.81	2.84 ± 1.01	7.86	0.000
教学能力	3.93 ± 0.62	3.82 ± 0.62	2.22	0.027
领导组织能力	3.47 ± 0.89	3.29 ± 0.93	2.52	0.012
执行能力	4.06 ± 0.67	4.04 ± 0.67	0.34	0.734
指导学生能力	4.26 ± 0.61	4.02 ± 0.73	4.50	0.000
学习提升能力	3.93 ± 0.71	3.79 ± 0.77	2.33	0.020

从表 4–16 中可以看出，在是否有过企业实践经历方面，高职院校青年教师的核心能力总体、校企实践能力、教学能力、领导组织能力、指导学生能力和学习提升能力上均有显著性差异，在这六个方面，均是有过企业实践的教师显著高于没有有过企业实践的教师。在积极心理素质、执行能力上没有显著性差异。

4.4 讨论

4.4.1 高职院校青年教师的核心能力素养具有内发性

内发性主要是指高职院校青年教师的核心能力中个人内在的深层次的比重更好，内在的深层次的特征影响着外在的行动特征。研究表明，高职院校青年教师的核心能力的分值由高到低依次是积极心理素质、指导学生能力、执行能力、学习提升能力、教学能力、领导组织能力和校企实践能力。在胜任力的冰山理论中，积极的心理素质是一个人内在的深层次特征，是人内在的、难以测量的部分。这些不太容易通过外界的影响而得到改变，但对人的行为与表现起着关键性的作用。在高职院校青年教师的核心能力中，积极心理素质最高，它影响着高职院校青年教师的外在能力（如执行能力、领导管理能力、学习提升能力）和外在行为表现（如教学能力、指导学生能力和校企实践能力）。

4.4.2 高职院校青年教师的核心能力素养具有可塑性

年龄影响着高职院校青年教师的校企实践能力，教龄影响着高职院校青年教师的校企实践能力、教学能力和指导学生能力，课时影响着高职院校青年教师教学能力和指导学生能力。可见，高职院校青年教师的核心能力是具有可塑性的。课时越多，锻炼的越多，教师的教学能力和指导学生的能力也越强。这也给青年教师核心能力素质的提高提供了锻炼提高的可能性。

4.4.3 高职院校青年教师的核心能力素养具有相对稳定性

在高职院校青年教师核心能力的七个维度中，积极心理素质在性别上、教龄上、学历上、职称上、课时上均没有显著性差异。可见高职院校青年教师的积极心理素质具有稳定性，并不随着性别、教龄上、学历、职称和课时的多少而有所不同。而积极心理素质在青年教师能力素质的个性特质方面，具有相对稳定性。

4.4.4 高职院校青年教师的核心能力素养具有实践特殊性

实践特殊性主要是指高职院校青年教师的核心能力中，实践性是其主要的区分特质。实践性的强弱是区分青年教师工作是优秀还是一般的重要鉴别点。同时，相对于高校教师和中小学教师，实践性是高职院校青年教师显著的特征，具有一定的特殊性。从这个方面来说，高职院校青年教师的核心能力具有实践特殊性。在是否有过企业实践经验上除了在积极心理素质、执行能力上没有显著性差异外，在其他六个方面均有显著性差异。这表明参加企业实践可以有效地锻炼实践素质，实践素质是高职院校青年教师区别于其他高校青年教师的重要特征。具有真实的企业职场经验是青年教师必备的基本素质，因为职业技术教育的培养目标是生产一线的高素质劳动者和专门技术人才。高职院校教师有企业实践经历非常重要，能让老师更好掌握企业最前沿的信息、知晓企业需要什么能力和素质的学生。

4.5 结论

第一，高职院校青年教师的核心能力问卷具有较高的信效度，可以作为测量高职院校青年教师核心能力素养的有效工具。

第二，高职院校青年教师的核心能力素养相对较高，高职院校青年教师的核心能力的分值由高到低依次是积极心理素质、指导学生能力、执行能力、学习提升能力、教学能力、领导组织能力和校企实践能力。

第三，高职院校青年教师的核心能力具有内发性、可塑性、相对稳定性和实践特殊性。

4.6 本章小结

为了了解高职院校青年教师核心能力素养的现状和影响因素，本研究采用自编的高职院校青年教师核心能力素养问卷对 644 名高职院校青年教师进行调查。研究表明：第一，高职院校青年教师的核心能力问卷具有较高的信效度，可以作为测量高职院校青年教师核心能力素养的有效工具；第二，高职院校青年教师的核心能力素养相对较高，高职院校青年教师的核心能力的分值由高到低依次是积极心理素质、指导学生能力、执行能力、学习提升能力、教学能力、领导组织能力和校企实践能力；第三，高职院校青年教师的核心能力具有内发性、可塑性、相对稳定性和实践特殊性。

5 高职院校青年教师教学能力现状及影响因素的实证研究

随着高校扩招成为不可逆转的趋势，各大高校的毛入学率和在校人数不断增长，高等教育发展开始从数量扩张向质量提升转变，而要想提高教学质量，教师的教学能力就显得非常重要。

教师的教学能力对学生的发展、高校教学质量的提升具有非常重要的作用。近几年来，研究者对青年教师的关注较多，一方面是因为青年教师的发展潜力较大，具有较高的逻辑思维和创新能力，对学科知识有较强的理解力；另一方面，青年教师普遍缺乏教学经历，在教学方法、教学理论、教学技能等方面的不足，制约了教学能力的成长。

近年来，国内学者以教学能力的现状、概念界定、影响因素、提升策略等主线进行研究。其中，教学能力的影响因素是研究的热点。根据已有的研究结果显示，影响教师教学能力的因素复杂多样。例如，张学民、申继亮和林崇德（2003）研究发现，教学效能感与教学能力关系密切[①]。由于采用了心理测量和实验的方法，他们的研究结果得到较高的认同。然而，纵观已有的研究发现，多数研究使用的问卷缺少理论基础，对结果的分析大多进行思辨推演，类似这种实证研究较少。因此，尽管有学者指出教学效能感也影响高职院校青年教师的教学能力，但是由于研究方法的问题，这种结论难以令人信服。

在梳理已有文章时发现，有学者指出社会支持与教学效能感呈正相关，教学效能感与教学能力有紧密联系，而社会支持与教学能力的关系如何却少有人探讨。是以，本研究先对教师教学能力的各种理论进行梳理，构建

① 张学民，申继亮，林崇德．小学教师课堂教学能力构成的研究［J］．心理发展与教育，2003（03）：68-72.

高职院校青年教师教学能力的要素模型，并编制问卷对高职院校青年教师教学能力进行调查，同时纳入教师教学效能感与社会支持两个因素，在内外部两个方面对制约教学能力的因素进行讨论。

5.1 文献综述

5.1.1 核心概念界定

5.1.1.1 高职院校青年教师

对高职院校青年教师下定义要考虑两个方面，一是工作内容，二是年龄。从工作内容来看，教师要从事高校教学、科研与管理工作。从年龄上来看，对青年教师这一人群的界定需要确定他们的最大年龄。

目前对青年年龄的界定多样，国内外对青年年龄的界定各不相同，在国内主要有：①我国的人口统计将青年归为两类，一类是 15 ~ 24 岁，一类是 15 ~ 29 岁；②在全国范围内选拔杰出的青年对候选者有许多要求，其中基本的年龄要求是候选者的年龄在 40 岁以下（黄志坚，2003）。在国际上比较流行的对青年年龄的界定主要有：①世界卫生组织认为只要个人的年龄达到 14 岁以上并且不超过 44 岁，这类人就是青年人；②联合国教科文组织在对年龄下限的界定上和世界卫生组织一致，但在对年龄上限的界定上不同于世界卫生组织的规定，它要求青年人的年龄不超过 34 岁。

目前，尚无一致的“青年”年龄界限，所以不能采用对青年群体的一般界定。近几年来，一些重大的科研项目对青年申报者的年龄做出了限制，一般是在 40 周岁以下，如李宜江（2013）指出年龄小于 40 岁的人才可以申请教育部人文社会科学研究青年基金项目，年龄小于 39 岁的人才可以申请国家社会科学基金青年项目。根据以上的界定和教师较长的职业准备期，本研究将高职院校青年教师的年龄上限界定为 40 岁。

综上所述，本研究将高职院校青年教师定义为从事高等院校的教学科研和组织管理工作的 40 岁以下的教师群体。

5.1.1.2 教学能力

关于教学能力的内涵的观点较多，由于各国的教学背景、文化和观察角度不同，国内外学者都提出了不同的观点。

1. 国外观点

国外学者主要从教学能力的含义、工作内容和结构三个角度进行解释，主要观点如下：

①从教学能力的含义上看，Tigelaar 认为教学能力反映了教师的个人特征[①]，如教师的工作态度、掌握的知识和教学技能等，这些特征会在不同的教学条件下帮助教师达到较好的教学绩效；②从工作内容来看，有学者认为教学能力是诊断和指导学习的过程，这种能力具有多种表现形式，例如为了达到良好的教学效果，教师要管理好学生和课堂并提高学生学习的积极性，在教学前要据教学目标做好决策[②]；③从结构来看，Streifer（1987）认为高校教师的教学能力有 5 个维度[③]，分别是教师的教学技能、对学生进行评价的技能、计划技能、教学专业知识和专业职责。

2. 国内观点

我国学者在参照海外学者的研究上，联系了本国特点对教学能力进行定义。因为观察角度不同，学者们提出的观点也有差异。但是研究者们基本认可以下观点：教学能力是一种由多种成分构成的、反映个体的心理特性的能力。比如孙亚玲（2004）认为教学能力是一种综合能力，具体表现为设计规划能力、组织管理能力、调节控制能力、教科研等能力[④]。唐玉光认为教学能力由许多因素构成，表现为教师做好教学任务的个性特征[⑤]。

3. 本研究观点

综合各研究者的观点，联系教学活动的各个阶段（教学前、教学中和

① Dineke E.H. Tigelaar，Diana H.J.M. Dolmans，Ineke H.A.P. Wolfhagen，Cees P.M. van der Vleuten. The Development and Validation of a Framework for Teaching Competencies in Higher Education[J]. Higher Education，2004，48（2）.

② Margaret C. Wang. Adaptive Instruction：Building on Diversity[J]. Theory into Practice，1980，19（2）.

③ Streifer Philip A.，Iwanicki Edward F.. The validation of beginning teacher competencies in connecticut[J]. Journal of Personnel Evaluation in Education，1987，1（1）.

④ 孙亚玲．课堂教学有效性标准研究 [D]. 上海：华东师范大学，2004.

⑤ 唐玉光．教师专业发展的研究 [J]. 外国教育资料，1999，（6）：39-43.

教学后），本研究将教学能力分为教学设计能力、专业知识认知和掌握能力、信息沟通能力、教学操作能力、管理能力、监控能力和学术能力。

这些能力的具体含义如下：①教学设计能力指在教学前考虑种种条件和因素，并将它们进行优化组合，以达到最高教学效果的目的。具体表现为设计教学内容和教学方法的能力、选择合适的教学目标等能力。②专业知识认知和掌握能力要求教师拥有基本的教学知识和技能，主要表现为对课程内容的思考和理解、对专业知识的掌握程度、教育学科专业知识的运用等。③信息沟通能力分为两类，一是语言表达能力，即借助口语和书写进行沟通的能力，通常要求教师具备较高的逻辑思维和书面表达能力；二是非语言表达能力，即教师在课堂中运用身体各个部位如肢体动作、面部表情、身体姿势等传达信息、与学生进行交流的能力。④教学操作能力是指在课堂教学中，教师采取各种手段辅助教学的“动手”能力，如设计板书能力、操作计算机能力。⑤管理能力是指管理和组织课堂的能力，表现为妥善解决课堂问题、调动学生学习积极性、有严格的课堂纪律和规则。⑥监控能力是指教师对个人教学的反省，主要表现为对个人问题和进步的发现与总结、悉心听取并执行上级和专家的指导与建议。⑦学术能力是教师所开展的科研研究与日常各类教学活动的联合，是高职院校青年教师显著区别于如小学、初高中教师的一种能力。一般而言，小学和初高中的教师也具备一定的教学能力，但是相比于高校教师，他们的学术能力发展机会较少，能力较弱，同时学术能力也不是这些教师的必备能力。

5.1.2 教学能力研究现状

5.1.2.1 国外研究现状

梳理已有研究发现，国外学者主要从以下两个方面对教学能力开展研究：

1. 教师教学能力构成的研究

在不同的阶段，海外学者针对教学能力的组成要素的研究是不同的。

早期的学者们多从教师的人格角度分析教学能力的组成。20 世纪四五十年代，研究者们的研究角度才逐渐着重于教师的个性特征。当时，许多学者认为具备某种品质的老师在教学工作上表现更好，但是

Danielson 和 Greal 认为除了个别资料之外，没有其他资料能够支撑这种说法[①]。

自 20 世纪七八十年代开始，海外研究者才从教师、学生等角度对教学能力的构成进行研究。Manning 从教师的角度提出了教学能力的构成要素，主要有在课前对教学计划的制定能力、在课堂上对学生传达知识的能力、管理课堂的能力等[②]。

到了 20 世纪 90 年代，相关研究具备了鲜明的时代性。例如，1997 年，日本为了建设更好的教师队伍，提出教师要具备一些新的能力，如教师应具备全球视野、能够顺应变化并生存。这些年来，在心理学的影响下，越来越多的学者们开始将心理学与教学能力联系起来，对教学能力的构成开展了更加全面的研究。

2. 教师教学能力培养模式研究

在教学能力的培育上，国外通常采用以素质为中心的模式。在培养实践上，西方国家强调“参与式”“实践式”的方式，在教学活动中着眼于教师个人素质，充分尊重教师的自主性[③]。目前，国际上主流的培养模式有：职前培养、导师制、技术培训、校本培训、在职进修与继续教育。职前培养模式能帮助教师尽快适应教师身份、了解教学单位的相关制度和基本信息、明确学生需要、获悉课程内容以及其他与教学有关的信息。英国对职前培训非常重视，通过出台一系列的法律来保障相关活动的顺利进行[④]。

导师制兴起于 20 世纪 60 年代的美国，是学校根据一定的标准，选择具有丰富经验、较高事业心和责任心、拥有高级职称的高校教师，让其对青年教师进行指点，使其尽快适应教师身份、发展教学能力的一种

① Charlotte Danielson，Thomas L.McGreal. 教师评价提高教师专业实践能力 [M]. 陆如萍，唐悦，译 . 北京：中国轻工业出版社，2005.

② Manning，R. C.The teacher evaluation handbook：step-by-step techniques and forms for improving instruction[J]. Hoover institution press，1988（9）345-347.

③ 田夏彪 . 高校教师教学能力的提升——基于国内外研究的思考 [J]. 大理学院学报，2013，12（01）：73-76.

④ 刘肖芹 . 国外高校青年教师教学能力培养模式管窥——以美、英、澳、印为例 [J]. 广州番禺职业技术学院学报，2011，10（01）：59-63.

制度。由于这种制度在培养教师上的显著效果，因此许多国家采用了这种制度。

校本培训一般以教育教学问题为中心，在不断地解决教学问题的过程中逐渐发展教师的个人素质①。例如，刘肖芹指出美国一些学校创设教师培训中心，给青年教师提供了许多帮助；英国的一些高校建立了校本大学发展中心和校本大学发展中心网站，为青年教师提供了丰富的培训信息，对其开展多种形式的专业培训②。

采用在职进修与继续教育是培养教学能力的一种必不可免的趋势。由于各个国家的政治、经济、文化条件的差异，对各国的高校教师采取的在职培训的方法也不同，但是基本经验相同，例如，通过法律制定和完善相关制度、采用多样化的培训方式、运用正规化的在职培训内容、制定优惠政策以鼓励教师参加在职培训等③。

5.1.2.2 国内研究现状

从20世纪80年代中期开始，国内学者们开始将注意力转向教学能力。这些年来，由于教师群体年轻化趋势越来越明显，学者对高职院校青年教师教学能力的关注度更高，对此开展的研究也更多。目前，相关研究已形成一定的体系，根据文献梳理的结果，主要归纳为以下几个方面：

1. 教学能力的构成

研究者在不同的角度上提出自己的观点，这些观点存在着些许差异。例如，张大良、纪志成和周萍提出教学能力可根据教育学、心理学和社会学三个角度来理解④。从教育学角度，教学能力包括教学实施、教学研究、教学设计等能力；从心理学角度，教学能力包括教学操作、教学监控和教学认知；从社会学角度，突出教师的沟通能力、心理辅导能力、终身学习

① 周敏，熊仕勇．校本培训模式与高校青年教师的专业化［J］．中国青年研究，2008（08）：94-97.

② 刘肖芹．国外高校青年教师教学能力培养模式管窥——以美、英、澳、印为例［J］．广州番禺职业技术学院学报，2011，10（01）：59-63.

③ 续润华，朱守宏．发达国家高等学校教师在职培训的经验及其启示［J］．外国教育研究，1994（02）：25-29.

④ 张大良，纪志成，周萍．高校青年教师教学能力的评价体系与影响因素研究［J］．贵州社会科学，2009（09）：91-96.

能力等方面。余承海和姚本先指出组成教学能力的要素或成分是多元的，这些要素或成分主要有成功获得外文资料的能力、良好的阅读理解能力、科研能力、帮助学生形成终身学习的能力等[①]。徐玲则认为五个要素构成教学能力的主要成分，分别是自控能力、管理组织能力、科研能力、转化知识能力、沟通表达能力[②]。

尽管在组成教学能力的成分上，各个学者的观点存在差异，但是纵观各个学者的观点可以发现，教学能力基本可分为教学操作能力、教学管理能力、教学设计能力、教学认知能力等。

2. 教学能力现状

目前，高校教师的教学能力已经得到教育学界的广泛研究，其中教师教学能力的现状是学者们关注的重点。比较普遍的调查结果是：高职院校青年教师发展潜力较大，他们拥有较高的学历，具备较强的科研能力和扎实的专业知识，但是缺少教育学理论知识和教学经验。除此之外，研究者们也总结了其他结果，主要观点如下：

目前，越来越多的青年教师入职高校已经成为不可逆转的趋势。然而，这一逐渐庞大的队伍却存在着诸如青年教师严重流失、缺乏教学知识、缺少教学培训等问题，青年教师的教学能力比较薄弱[③]。赖富强、罗永红和夏敏全认为，高职院校青年教师教学能力存在的问题主要有：缺少语言表达和组织能力、欠缺基本的教学方法、教学业务能力不足等[④]。刘洪瑞经过调查发现，高职院校青年教师在教学认知、教学组织与操作和教学研究等方面存在问题[⑤]。

从以上的观点可看出，高职院校青年教师的教学能力存在一定的问题，因此，为了提出有针对性并切实可行的策略和建议，对此开展更多的研究

① 余承海，姚本先．论高校教师的教学能力结构及其优化［J］．高等农业教育，2005（12）：53-56.

② 徐玲．青年教师教学能力影响因素与培训模式创新［J］．现代教育科学，2009（03）：151-153.

③ 韦雪艳，纪志成，周萍，等．高校青年教师教学能力影响因素与提高措施实证研究［J］．现代教育管理，2011（07）：75-78.

④ 赖富强，罗永红，夏敏全．高校青年教师教学能力提升的探讨［J］．科教导刊，2012（7）：145-146.

⑤ 刘洪瑞．高校青年教师常见教学问题及解决策略［J］．齐齐哈尔师范高等专科学校学报，2013（03）：128-129.

是势在必行的。

3. 教学能力影响因素

高职院校青年教师教学能力的影响因素较多，研究者从不同的角度对此进行了总结。从教师专业发展角度，徐玲认为，年龄较低的教师教学效能感、终身教育体系的缺失和教学能力的“高原期”是影响教师教学能力的因素[①]。从教师自身的角度，研究者认为高职院校青年教师的教学理念、工作态度、情感因素等与教学能力有密切关系[②③]。从学校的角度，李茂科认为主要有高校教师选拔制度的不足、教师评价制度问题、教学能力助长机制的缺乏[④]。从社会的角度，张大良等人从社会报偿方面进行分析，提出高校教师的社会地位决定了青年教师是否致力于本职工作和积极追求个人发展，从而影响教学能力。

近些年来，不少学者研究高校教师教学能力的影响因素，已有研究结果可简单归为两个方面。一是内部因素，即个人因素，如从业态度、教学效能感、学识结构、教学志向、能力素养、个人性格等[⑤⑥⑦]；二是外部因素，如来自家人、同事、朋友等各方的社会支持；学校因素，包括培养培训体系、

---

① 徐玲. 青年教师教学能力影响因素与培训模式创新[J]. 现代教育科学，2009(03)：151-153.

② 赵丽杰，顾立志. 试论高校教师教学中的情感因素[J]. 中国高教研究，2001(07)：86-87.

③ 张大良，纪志成，周萍. 高校青年教师教学能力的评价体系与影响因素研究[J]. 贵州社会科学，2009(09)：91-96.

④ 李茂科. 高校教师教学能力阻滞因素探析[J]. 企业家天地，2006(03)：161.

⑤ 向玉. 高校青年教师教学能力的影响因素及提升策略[J]. 教育探索，2014(12)：93-94.

⑥ 韦雪艳，纪志成，周萍，等. 高校青年教师教学能力影响因素与提高措施实证研究[J]. 现代教育管理，2011(07)：75-78.

⑦ 于畅. 高校青年教师教学能力影响因素探析[J]. 航海教育研究，2015，32(04)：65-68.

教师的评课激励机制、文化氛围等[①②③]；还有社会因素，主要有社会报偿、社会对教育和教师的看法、相关部门对学校和老师发展和培养的政策支持等[④]。本研究将从内部角度教学效能感和外部因素社会支持出发，分析影响教学能力的因素。

4. 提高教学能力策略

对高职院校青年教师教学能力的现状和影响因素的研究，归根结底是为了提出可操作性的、全面的、行之有效的建议和策略，以满足提高教师教学能力的目的。

纵观学者们的研究成果，具体的建议和策略可归纳为以下几个角度：从个人角度，青年教师要提高主动学习的能力、要坚定师德这个基本的道德要求、主动对个人的教学活动进行总结反思；从政府角度，研究者们的主要观点是政府应做好相关政策的规范和引导工作。例如，童婧指出政府应该完善相关的法律法规、改革研究生教育、提高教师待遇[⑤]；从学校角度提出建议的研究最多，主要的建议有：制定行之有效的培训计划、加强对青年教师的培训、关注教师心理、提高教师待遇等。

近几年来，研究者们对高职院校青年教师教学能力提升的建议的研究，为教师个人、学校和国家明确了改进的方向，推动了高校评价体制的改革和培训体系的构建。

5.1.3 教学能力、教学效能感与社会支持的关系

教学效能感是教师对自己影响学生发展和学习程度的信心，分为一般教学效能感和自我教学效能感。一般教学效能感是指教师对关于教育问题

① 张大良，纪志成，周萍．高校青年教师教学能力的评价体系与影响因素研究 [J]. 贵州社会科学，2009（09）：91-96.

② 张志明．当前高校青年教师教学能力现状及提高策略 [J]. 邢台学院学报，2010，25（03）：86-88.

③ 董勇，赵天玉，李梦霞．高校青年教师现状及其培养途径 [J]. 长江大学学报（社会科学版），2010，33（05）：140-141.

④ 于畅．高校青年教师教学能力影响因素探析 [J]. 航海教育研究，2015，32（04）：65-68.

⑤ 童婧．高校青年教师教学能力培养研究 [D]. 长沙：中南大学，2007.

的看法，如对教学作用的认识，对教育和学习关系的理解；自我教学效能感是指教师在教学活动后，对自己的教学结果或教学效果的自我评判[①]。目前，有许多研究者对教学效能感开展研究，多从概念、结构、影响因素和作用这几个角度进行分析。而在教学效能感是否影响高职院校青年教师的教学能力、两者之间是否具有密不可分的关系的问题上，还没有得到较多研究者的实证分析。已有的研究结果虽然提出教学能力与教学效能感具有密切关系，但是这些结果很少是通过实证研究得到的，因此所得结论难以令人信服。

针对社会支持这一重要的弹性资源，目前尚无一致的概念界定，但是研究者基本认为社会支持是来自社会各方的帮助个体的物质、精神系统。关于这一概念的构成要素，肖水源认为主要是主观支持（个体体验到的情感支持）、客观支持（个体直接获得的帮助）和对支持的利用度（个体利用来自各方帮助的程度）[②]。纵观已有研究发现，在研究对象上，社会支持研究多以青少年、大学生、老年人、教师等人群为主；在研究内容上，主要探讨社会支持与心理健康、主观幸福感、教学效能感等之间的关系。有研究指出，社会支持与教学效能感呈正相关，即社会支持越高，教学效能感越高[③]，而徐玲指出教学效能感与教学能力也有密切关系[④]，那么教师的社会支持与个人教学能力之间是否也存在某种关系？可惜，较少有学者对此进行分析探讨。本研究认为，社会支持越高，教师在教学上获得的理解和帮助越多，对个人教学能力越有自信，继而推动老师积极参加各类教学活动，并在实践中不断发展个人教学能力。因此，本研究猜测：社会支持对教学能力有影响，教学效能感在其中可能存在中介作用。本研究将通过实证研究对此猜想加以验证。

① 俞国良，辛涛，申继亮．教师教学效能感：结构与影响因素的研究［J］．心理学报，1995（02）：159-166.

② 肖水源．《社会支持评定量表》的理论基础与研究应用［J］．临床精神医学杂志，1994（02）：98-100.

③ 宋成．北京市特殊教育学校教师职业倦怠、教学效能感及社会支持关系的研究［J］．运动，2013（02）：71-73，125.

④ 青年教师教学能力影响因素与培训模式创新［J］．现代教育科学，2009（03）：151-153.

5.1.4 教学能力研究评价

过去学者大多以一般高职院校青年教师为主要的调查对象，现在研究者开始关注地方高校、高职院校、财经类大学等不同类型的高职院校青年教师的教学能力。这使得研究进一步对象化，为提高教师教学能力提出更加有针对性的建议。研究范式上，大部分研究以解释性研究范式为主，侧重于概念界定和构成要素分析。近些年才开始转向实证性研究范式，以调查报告和数据表格的形式分析教学能力，但是许多研究是通过自编问卷直接显示的问题总结教学能力的影响因素，分析过程以理论思辨为主，所使用的问卷缺少理论基础，研究方法比较简单，研究结果的认同度较低。在提高高校教师教学能力的建议上，许多研究者从学校和政府的角度进行总结，但较少有研究从教师自身的角度进行阐述。尽管关于高校教师教学能力提升的建议有很多，但大多存在操作性不强、简单空泛的问题，少有学者针对如何有效落实各项举措进行探讨。

5.1.5 问题提出

由于高等教育规模的壮大，大量的青年人群加入教师队伍，学者们开始关注青年教师的教学能力，对制约教学能力发展和提高的因素的分析成为研究的重点。但是，这些研究都存在着些许问题。比如，在研究工具上，研究者使用的调查问卷缺少理论基础，而且没有采取信效度检验；在研究范式上，多采用解释性研究范式，实证研究较少；在分析讨论上，由于分析过程多以思辨形式进行，所以研究结论的可信度令人质疑；在研究角度上，尽管研究多从内外部角度分析影响教学能力的因素，但对教学效能感、社会支持与教学能力的关系缺少验证。综上所述，本研究根据已有研究的不足，通过文献梳理构建概念框架，编制高职院校青年教师教学能力问卷，调查教师教学能力状况，分析教学能力在人口学变量上的差异；从内、外部因素考察教学效能感、社会支持与教学能力的关系。

5.2 研究设计

5.2.1 研究目的

本研究旨在明确教学能力的概念，构建教学能力的要素，调查高职院校青年教师教学能力的现状，通过实证研究分析影响高校教师教学能力的因素。

5.2.2 研究假设

假设一：自编的高职院校青年教师教学能力问卷具有较高的信效度。

假设二：高职院校青年教师教学能力处于中等偏上水平。

假设三：高职院校青年教师教学能力以及各个维度在性别、年龄、教龄、是否毕业于师范院校、专业类型、教学单位类型均存在显著性差异。

假设四：高职院校青年教师的教学能力及其各维度与教学效能感及其各维度、社会支持及其各维度存在显著的相关关系，教学效能感和社会支持水平越高，教学能力水平越高。

假设五：高校教师的教学效能感在社会支持与教学能力之间起中介作用。

5.2.3 研究内容和结构

在理论研究层面，主要通过文献研究梳理高职院校青年教师和教师教学能力的理论基础及研究现状，初步提炼高职院校青年教师的教学能力要素。在实证研究层面，根据文献梳理结果，再结合教学三阶段（教学前、教学中和教学后），确定教学能力组成要素，编制教学能力问卷并进行现状调查，分析影响教学能力的因素，为发展教学能力的策略制定提供理论依据。

5.2.4 数据处理

使用SPSS22.0进行数据处理和分析。本研究主要采用描述性统计分析、独立样本t检验、单因素方差分析、相关分析和回归分析。

具体研究思路和研究过程见图5-1：

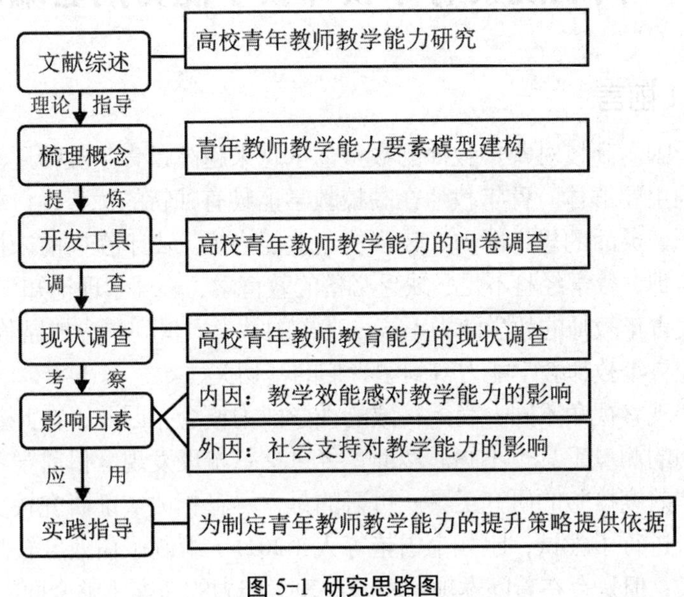

图 5-1 研究思路图

5.2.5 研究意义

5.2.5.1 理论意义

目前，针对高职院校青年教师教学能力的研究较多，但多以理论思辨为主。本研究丰富了高职院校青年教师教学能力在实证研究上的理论成果。自编信效度较高的教学能力问卷，为调查提供了可靠的工具。本研究以高职院校青年教师为调查对象，分析影响教师教学能力的因素，并从内部因素教学效能感和外部因素社会支持出发，对三者之间的关系进行深入探讨。对社会支持、教学效能感和教学能力的关系研究也丰富了相关的研究结果。

5.2.5.2 实际意义

针对高职院校青年教师教学能力的实证研究，一方面可以了解高职院校青年教师教学能力的现状，教师可据此了解自身存在的问题和不足，从而能够自我调整以达到能力的提升；另一方面，本研究结果可为提高高等教育质量提供基础，高校可根据研究结果思考提升教师教学的有针对性的方针策略。

5.3 高职院校青年教师教学能力问卷编制

5.3.1 前言

由于国内高校对青年教师的数量需求越来越高，青年教师逐渐成为教师队伍的主要群体。青年教师在高校教学上具有独特的优势，例如丰富的专业知识、灵活的思维能力、较强的创造能力等。由于在岗前未接受系统的教学培训、教学经验不足、缺乏必备的教育学、心理学理论知识等原因，高职院校青年教师的教学能力不高，高校的教学质量问题愈加显著。所以，高职院校青年教师教学能力得到学者们的密切关注。

由于观察视角不同，尚无一致的教学能力概念，因此，在此基础上研究者使用的测量工具也不同。然而，经过文献梳理发现，目前学者多使用未经过信效度检验的研究工具。可喜的是，尽管相关实证研究较少，但已有研究者进行了尝试，比如韦雪艳等人（2011）编制了信效度较高的教学能力量表，但是存在着问卷项目少、对教学能力的考察不够全面的问题。

鉴于高职院校青年教师教学能力对教学质量的重要性和当前实证研究的缺乏，本研究在文献梳理的基础上，提炼教学能力组成成分，初步编制教学能力问卷，在经过信度效度检验和验证性因素分析后，确定教学能力各维度及其项目。

5.3.2 研究方法

5.3.2.1 题目的收集与问卷的编制

首先，进行文献检索，对教学能力的概念和构成要素的相关研究进行综述。

其次，根据综述的结果，按照教学工作所需要的教学能力划分，从教学过程的三阶段（教学前、教学中和教学后）提炼出教学能力的基本构成要素，明确各个要素的概念。

再次，根据维度的内涵，编写各个维度的项目，并就问卷的逻辑性、可读性和代表性请教了专业老师，根据意见反馈进行修改，拟定出 36 个项目的原始问卷。

问卷采用五点记分，即 1=“极其不符合”，2=“较不符合”，3=“不清楚”，4=“比较符合”，5=“非常符合”，被试要选择符合自己情况的选项。

5.3.2.2 研究被试

本研究采取方便随机取样的方法，问卷主要以本人直接发放和委托他人的形式进行发放，发放 350 份问卷，回收 324 份有效问卷，将被试随机分成两部分，210 名被试的数据进行探索性因素分析，114 名的被试数据用于验证性因素分析，这两类被试的具体情况见表 5–1 和表 5–2：

表 5–1 探索性样本分布情况

人口学因素	维度	样本数	百分比（%）
性别	男	60	28.6
	女	150	71.4
年龄	25 岁以下	23	11.0
	25 ~ 30 岁	60	28.6
	30 ~ 35 岁	52	24.8
	35 岁以上	75	35.6

表 5–2 验证性样本分布情况

人口学因素	维度	样本数	百分比（%）
性别	男	66	57.9
	女	48	42.1
年龄	25 岁以下	17	14.9
	25 ~ 30 岁	38	33.3
	30 ~ 35 岁	45	39.5
	35 岁以上	14	12.3

5.3.2.3 施测过程

采取网络填写的形式，完成一份问卷大约需要 5 分钟。

5.3.2.4 统计分析

采用 SPSS22.0、Amos7.0 和 Microsoft Office Excel 2007 进行项目分析、探索性因素分析和验证性因素分析。

5.3.3 研究结果

5.3.3.1 项目分析

将总分从低到高排列，选取高端 27% 的被试作为高分组，低端 27% 的被试为低分组。最终确定高于 153 分的被试作为高分组，低于 133 分的被试为低分组。对这两组被试在所有项目上的得分进行独立样本 t 检验，结果显示，各个项目差异显著（p<0.01），即项目均具有较好的区分度。

5.3.3.2 探索性因素分析

随机抽取 210 份数据进行探索性因素分析。KMO 检验值为 0.914，Bartlett 球形检验统计量为 1656.017，p<0.01，可以进行因素分析。采用主成分分析、方差极大法进行因素抽取。参考以下标准剔除项目：①具有多重负荷，且负荷值有点接近的项目（负荷差小于 0.1）；②删除包含项目数小于 3 的因素。共删除 21 个项目：4、5、9、10、11、12、13、14、15、16、17、18、19、20、23、24、28、29、31、34、36。对保留项目进行斜交旋转。抽取特征值大于 1 的因素三个，分别命名为课堂教学与监控能力（即使课堂教学顺利进行和反思教学活动的能力）、教学设计能力（即教学前优化组合各种因素，使教学达到最佳效果的能力）与学术能力（即高校教师必备的一种能力，是科研与教学的统一）。累计方差贡献率为 64.66%，各个项目在其所属因素上的载荷见表 5-3。

表 5-3 因素载荷表

项目	课堂教学与监控能力	教学设计能力	学术能力	共同度
第 22 题	0.763			0.68
第 27 题	0.752			0.68
第 30 题	0.731			0.62
第 21 题	0.696			0.62
第 26 题	0.678			0.67
第 25 题	0.633			0.58
第 3 题		0.819		0.73
第 1 题		0.708		0.59
第 2 题		0.703		0.62
第 6 题		0.699		0.69
第 7 题		0.672		0.64
第 8 题		0.664		0.58
第 33 题			0.817	0.73
第 35 题			0.765	0.68
第 32 题			0.715	0.60
累计贡献率	24.62%	23.70%	16.34%	

5.3.3.3 信度检验

通过分析显示整个问卷的 α 系数为 0.921，三个维度的 α 系数分别为 0.879、0.862 和 0.795. 表明信度良好。结果见表 5-4。

表 5-4 信度系数表

	课堂教学与监控能力	教学设计能力	学术能力	总量表
α 系数	0.879	0.862	0.795	0.921

5.3.3.4 验证性因素分析

采用 Amos7.0 对模型进行验证性因素分析，结果见表 5-5 与图 5-1。

表 5-5 拟合度检验结果

模型	CMIN	DF	CMIN/DF	NFI	RFI	IFI	TLI	CFI	RMSEA
3 因素	130.814	81	1.615	0.873	0.835	0.947	0.930	0.946	0.074

从表 5-5 可以看出模型的拟合指数 CMIN/DF=1.615（理想值小于 3），NFI、RFI、IFI、TLI、CFI 值均大于 0.8，RMSEA=0.074（理想值小于 0.08）。模型的拟合情况比较理想。

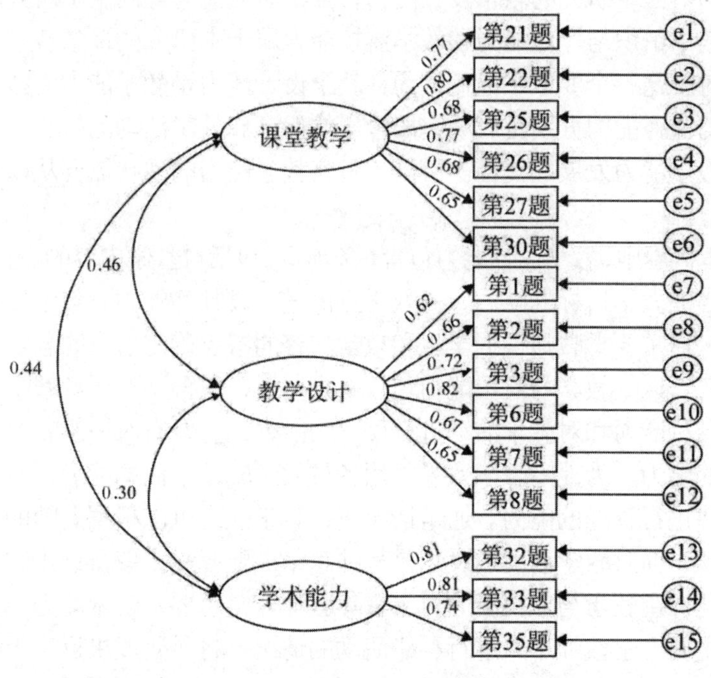

图 5-2 高校教师教学能力问卷的拟合模拟图

从图 5-2 可以看出，3 个因素之间的相关分别为 0.46、0.30 和 0.44，各个项目与因素之间的相关在 0.62 ~ 0.81 之间，说明了测验具有较高的结构效度。

5.3.4 讨论

初编问卷在经过测量和分析后，最后形成了包括教学设计能力、课堂教学与监控能力、学术能力三个维度的 15 个项目的自评问卷。

由探索性因素分析和验证性因素分析可知，高职院校青年教师教学能力问卷具有较好的结构效度；模型的拟合度指标较为理想；各个项目的载荷介于 0.633 和 0.819 之间，因素累计变异解释律达到 64.66%。由信度检验可知，3 个分量表和总量表的 α 系数在 0.795 以上，问卷的信度较高，表明该问卷作为测量工具是可靠的。

本问卷包括教学设计能力、课堂教学与监控能力和学术能力三个维度，较为完整地包含了教学过程。由于分析角度的不同，学者们对同一内涵会采用不同的词语进行命名。例如，杨小玲和廖春斌（2016）所描述的教学认知能力对应本研究的教学设计能力；教学研究能力等同于本研究的学术能力；教学组织与操作能力和教学监控能力属于本研究的课堂教学与监控能力。对于这三个要素，他们认为，教学设计能力是教学能力的核心、课堂教学与监控能力分别是成功完成教学的保证和教学活动的核心、学术能力则是教学能力发展的捷径。所以，考察教学能力的现状需要从以上几个方面进行。

在本问卷中，教学设计能力包含 6 条项目，包括对教学内容的设计能力、制定恰当的教学目标的能力、对教学方法进行设计等能力。教学开始于教学设计，通常要求教师根据学生和教学内容的特点确定恰当的教学方法和教学内容。课堂教学与监控能力包含 6 条项目，包含了在课堂教学中需要运用的各种能力和对教学活动进行反思的能力，主要有对一般教学问题恰当解决的能力、为提高教学效果采用各种教学辅助手段的能力、对学生和课堂纪律进行管理的能力。通常情况下，教学能力可以根据老师的课堂表现来体现，而对教学活动的反思是教师总结成败经验，取得进步的有效途径，因此课堂教学与监控能力对于青年教师非常重要。学术能力包含 3 个项目，主要考察教师个人进行科研活动的情况、将科研成果运用于教学的能力和指导学生科研活动的能力，这一项能力是高校教师区别于其他类型教师，如中学教师、小学教师的典型能力。

5.3.5 结论

通过探索性因素分析和验证性因素分析，本研究得出以下结论：

（1）高职院校青年教师教学能力问卷具有较高的信效度。

（2）高职院校青年教师教学能力的三个维度分别是：教学设计能力、课堂教学与监控能力和学术能力，三个维度解释了项目总变异的 64.66%，具有较高的解释率。

（3）高职院校青年教师教学能力问卷可以作为测量高职院校青年教师教学能力的有效工具。

5.4 高职院校青年教师教学能力现状

5.4.1 前言

随着教育规模的扩大，教师的教学问题日益突出，教师的教学能力尤其是青年教师的教学能力得到学者们的广泛关注。一方面是因为青年教师的数量在不断上涨，另一方面是由于青年教师在教学能力上存在许多问题。这些问题主要表现在：教师没有接受系统的师范培训，在教学理论和基础知识上有所欠缺，在教学方法的运用上存在各种问题。所以，有必要对高职院校青年教师的教学能力进行研究，以便高校和教师在明确问题后能制定有针对性的提高教学能力的策略。

目前，对高职院校青年教师教学能力现状的研究有很多，虽然在研究结果上有些许差异，但也有一些共同的结论，如高职院校青年教师存在“重科研、轻教学”“专业知识丰富但实践能力不够”等现象。梳理相关研究发现，大部分研究对教学能力现状的分析是从教学能力的各个要素进行的，较少在人口学变量上进行细致分析。同时，大部分研究者没有对所使用的调查工具进行信效度分析。有鉴于此，本研究采用自编的信效度较高的高职院校青年教师教学能力问卷，对青年教师教学能力现状进行调查，分析高职院校青年教师教学能力在人口学变量上的差异。

5.4.2 研究方法

本研究采用文献法和问卷法。采用文献法对国内的高职院校青年教师教学能力研究进行梳理，为进一步的分析和讨论提供依据。采用问卷法对高职院校青年教师的教学能力现状进行考察，分析教师教学能力在人口学变量的差异。

5.4.3 研究被试

采用随机取样的方法对青年教师进行调查，问卷以本人直接发放和委托他人的形式进行发放，回收 324 份有效问卷，被试的具体情况见表 5–6。

表 5–6 样本分布情况

人口学因素	维度	样本数	百分比（%）
性别	男	126	38.9
	女	198	61.1
年龄	25 岁以下	40	12.3
	25 ～ 30 岁	98	30.2
	30 ～ 35 岁	97	29.9
	35 岁以上	89	27.5
是否毕业于师范院校	是	257	79.3
	否	67	20.7
教龄	2 年以下	73	22.5
	3 ～ 5 年	106	32.7
	6 ～ 8 年	43	13.3
	9 年以上	102	31.5
教学单位	985 院校	26	8.1
	211 院校	92	28.4
	省级高校	166	51.2
	市级高校	40	12.3
专业类型	文科	259	79.9
	理科	65	20.1

5.4.4 研究工具

采用自编的高职院校青年教师教学能力问卷，计分形式是 5 点计分（极不符合、较不符合、不清楚、比较符合、非常符合），从教学设计能力、课堂教学与监控能力、学术能力考察青年教师教学能力状况。问卷由 15 个项目组成，问卷的信效度较高，整个问卷的 α 系数为 0.921。模型的拟合度情况良好，具体结果详见表 5–7。

5.4.5 研究结果

5.4.5.1 高职院校青年教师教学能力总体状况

表 5-7 高职院校青年教师教学能力及其各维度状况

维度	M	SD	Max	Min
教学设计	3.92	0.71	5	1
课堂教学与监控	4.03	0.69	5	1.17
学术能力	3.90	0.84	5	1.33
教学能力总体	3.96	0.64	5	1.67

由表 5-7 可知，高职院校青年教师教学能力属于中等偏上水平，在“教学设计”“课堂教学与监控”“学术能力”三个维度上也处于较好水平。由各维度的平均分可知，高职院校青年教师在“课堂教学与监控”上得分最高，“教学设计”与“学术能力”次之。

5.4.5.2 高职院校青年教师教学能力在人口学变量上的差异检验

为了了解教学能力在人口学变量上的差异，本研究对高职院校青年教师能力在性别、是否毕业于师范院校、年龄、专业类型、教学单位类型、教龄进行差异性检验。

对高职院校青年教师教学能力、教学设计能力、课堂教学与监控能力和学术能力在性别上的差异进行独立样本 t 检验，结果见表 5-8。

表 5-8 高职院校青年教师教学能力的性别差异

	性别		t
	男（M ± SD）	女（M ± SD）	
学术能力	3.94. ± 0.77	3.87 ± 0.88	0.69
教学设计	3.92 ± 0.73	4.00 ± 0.68	−2.40*
课堂教学与监控	3.92 ± 0.73	4.11 ± 0.66	−2.43*
教学能力总体	3.87 ± 0.66	4.02 ± 0.61	−2.01*

注：* 表示 $p<0.05$，** 表示 $p<0.01$，*** 表示 $p<0.001$（此注适用本书所有带 * 表）

由表 5-8 可知，高职院校青年教师教学能力存在显著的性别差异（$p<0.05$），女性在教学设计（$p<0.05$）、课堂教学与监控（$p<0.05$）和教学能力总体（$p<0.05$）上要高于男性，在学术能力上无显著的性别差异。

对高职院校青年教师教学能力、教学设计能力、课堂教学与监控能力、学术能力在是否毕业于师范院校上的差异进行独立样本 t 检验，结果见表 5-9。

表 5-9 高职院校青年教师教学能力在是否是师范院校上的差异

	是否是师范院校		t
	是（M±SD）	否（M±SD）	
学术能力	4.02. ±0.76	3.44±0.94	4.66***
教学设计	3.89±0.77	4.05±0.42	−2.41*
课堂教学与监控	4.04±0.75	4.03±0.44	0.38
教学能力总体	3.97±0.68	3.92±0.43	0.73

由表 5-9 可知，高职院校青年教师的学术能力、教学设计能力在是否毕业于师范院校上存在显著的差异，毕业于师范院校的青年教师在学术能力上显著高于毕业于非师范院校老师（p<0.001），毕业于非师范院校的青年教师的教学设计能力上显著高于毕业于师范院校的老师（p<0.05）。是否毕业于师范院校在课堂教学与监控能力和教学能力总体上无显著差异。

对高职院校青年教师教学能力、教学设计能力、课堂教学与监控能力、学术能力在年龄上的差异进行单因素方差分析，结果见表 5-10。

表 5-10 高职院校青年教师教学能力及其各维度的年龄差异（M±SD）

	25 岁以下	25 ~ 30 岁	30 ~ 35 岁	35 岁以上	F
学术能力	3.88±0.77	4.02±0.73	3.86±0.93	3.82±0.86	0.98
教学设计	3.60±0.86	3.93±0.64	3.95±0.73	4.03±0.68	3.40*
课堂教学与监控	3.95±0.64	4.06±0.68	4.00±0.72	4.09±0.71	0.51
教学能力总体	3.80±0.65	4.00±0.61	3.95±0.66	4.01±0.63	1.20

由表 5-10 可知，高职院校青年教师的教学设计能力在年龄上存在显著差异（p<0.05）。学术能力、课堂教学与监控能力和教学能力总体上无显著的年龄差异。LSD 事后检验表明，25 岁以下的教师的教学设计能力显著低于 25 ~ 30 岁、30 ~ 35 岁和 35 岁以上的高职院校青年教师（p<0.05），即 25 岁以上的老师的教学设计能力显著高于 25 岁以下的老师。

对高职院校青年教师教学能力、教学设计能力、课堂教学与监控能力、学术能力在专业类型的差异进行独立样本 t 检验，结果见表 5-11。

表 5-11 高职院校青年教师教学能力的专业类型差异

	专业类型		t
	文科（M±SD）	理科（M±SD）	
学术能力	3.95±0.84	3.71±0.80	2.02*
教学设计	3.92±0.74	3.92±0.62	0.07
课堂教学与监控	4.05±0.72	3.99±0.60	0.58
教学能力总体	3.98±0.66	3.90±0.54	0.81

由表 5-11 可知，高职院校青年教师的学术能力有显著的专业差异（p<0.05）。文科专业教师的教学能力显著高于理科专业的教师。高职院校青年教师的课堂教学与监控能力、教学设计能力和教学能力总体在专业类型上无显著差异。

对高职院校青年教师教学能力、教学设计能力、课堂教学与监控能力、学术能力在教学单位上的差异进行单因素方差分析，结果见表 5-12。

表 5-12 高职院校青年教师教学能力及其各维度的教学单位差异（M±SD）

	985 院校	211 院校	省级高校	市级高校	F
学术能力	3.91±1.02	4.12±0.75	3.78±0.82	3.88±0.90	3.32*
教学设计	3.65±1.16	3.97±0.81	3.94±0.59	3.91±0.53	1.42
课堂教学与监控	3.86±0.97	4.16±0.73	3.98±0.64	4.10±0.57	2.02
教学能力总体	3.79±10.99	4.08±0.67	3.92±0.56	3.98±0.53	1.90

由表 5-12 可知，高职院校青年教师的学术能力在教学单位上存在显著差异（$p<0.05$）。教学设计能力、课堂教学与监控能力、教学能力总体在教学单位类型上无显著差异。LSD 事后检验发现，211 院校教师的学术能力显著高于省级院校的教师，其他单位的老师的学术能力无显著差异。

对高职院校青年教师教学能力、教学设计能力、课堂教学与监控能力、学术能力在教龄的差异进行单因素方差分析，结果见表 5-13。

表 5-13 高职院校青年教师教学能力及其各维度的教龄差异（M±SD）

	2 年以下	3 ～ 5 年	6 ～ 8 年	9 年以上	F
学术能力	3.89±0.72	4.00±0.82	3.81±0.98	3.84±0.86	2.43
教学设计	3.77±0.74	3.98±0.65	3.74±0.84	4.05±0.68	3.41*
课堂教学与监控	3.99±0.56	4.08±0.65	3.80±0.92	4.11±0.69	2.42
教学能力总体	3.88±0.57	4.02±0.61	3.78±0.82	4.03±0.60	2.43

由表 5-13 可知，除了教学设计外（$p<0.05$），高校教师教学能力及其他维度在教龄上无显著差异。LSD 事后检验发现，教龄在 9 年以上的教师群体的教学设计能力显著高于教龄在 2 年以下和 6 ～ 8 年的教师群体，其他教龄教师群体之间无显著差异。

5.4.6 讨论

5.4.6.1 高职院校青年教师教学能力总体情况分析

根据研究结果显示，高职院校青年教师教学能力各个维度和总体的平均分在 3 分以上，说明高职院校青年教师教学能力处于中等偏上水平。这与王阳[①]、熊思鹏和何齐宗（2016）[②]对高校教师教学能力的调查结果一致。

① 王阳．地方高校中青年教师教学能力发展现状与对策研究 [J]. 西部素质教育，2018，4（04）：14-16.

② 熊思鹏，何齐宗．高校青年教师教学胜任力的调查与思考 [J]. 教育研究，2016，37（11）：126-132.

在各个维度中，课堂教学与监控能力得分最高，且在4分以上，这表明高职院校青年教师很注重个人的课堂教学能力，能主动反思个人教学活动。相比其他教师，青年教师缺乏足够的教学经验，在教学上需要“经验型”老教师的指导，因此青年教师需经常反思个人教学，并听取专家、老教师和领导的指导意见。

5.4.6.2 高职院校青年教师教学能力在人口学变量上的差异分析

在性别、是否毕业于师范院校、年龄、教龄、专业类型、教学单位类型上，对高职院校青年教师教学能力进行了分析讨论，结论如下：

1. 高职院校青年教师教学能力的性别差异分析

在性别上，除了学术能力外，女性教师在教学设计、课堂教学与监控和教学能力总体上都显著高于男性。廖美盛认为女性具有耐心细致、工作热心、情感丰富等特征，所以女性在教学上更具有优势，而且在一定程度上，女性已经成为教师的性别标签①。熊思鹏和何齐宗对高职院校青年教师的调查也表明女性教师的教学能力显著高于男性②。但是王阳通过模型验证发现在对个人教学评价上，师范院校的男性教师显著高于女性③。而徐继红和董玉琦（2010）对吉林某高校的研究显示教师的教学能力在性别上无显著差异。以上结果的不同表明，高职院校青年教师教学能力的性别差异研究尚存在着争议，被试取样范围的不同可能导致了不同的结果。因此，之后的研究应对被试进行细化，以加强不同研究之间结果的可比性。

2. 高职院校青年教师教学能力在是否毕业于师范院校上的差异分析

在是否毕业于师范院校上，高校教师的学术能力、教学设计能力存在显著差异，在课堂教学与监控能力和教学能力总体上无显著差异。具体表现为：毕业于师范院校的教师在学术能力上显著高于非师范院校毕业的教师；毕业于非师范院校的教师在教学设计上高于毕业于师范院校

① 廖美盛．中小学师范与非师范类教师职业能力比较研究——以江西省上饶市为例[J]. 萍乡学院学报，2016，33（05）：97-101.

② 熊思鹏，何齐宗．高校青年教师教学胜任力的调查与思考[J]. 教育研究，2016，37（11）：126-132.

③ 王阳．地方高校中青年教师教学能力发展现状与对策研究[J]. 西部素质教育，2018，4（04）：14-16.

教师。

徐继红和董玉琦表示，教学能力在是否毕业于师范院校上并无差异[①]，这与本研究结果一致，究其原因可能是教师的教学能力注重在职后培养，与教学前的毕业院校的经历无密切关系。课堂教学与监控能力的提高是通过不断地积累实践经验才达成的，即教师要参加各种教学活动才能不断发展这一能力，因此也与院校无关。但是在教学设计能力和学术能力上，两种院校的教师有显著差异。伍鹏程指出，非师范院校学科门类齐全，各学科之间具有互为支撑和融合的优势[②]。而现今高校教学的教学内容并不局限于某一学科的具体知识，有时会涉及其他学科，因此，毕业于非师范院校的教师所学知识的综合性有利于教师把握好教学内容，在教学设计上优于师范院校的教师。在学术能力上，毕业于师范院校的教师显著高于非师范院校的教师，这可能是因为师范院校偏重于“学术型”人才培养，所以两者在学术能力上有显著差异。

3. 高职院校青年教师教学能力在年龄上的差异分析

在年龄上，高职院校青年教师的教学设计能力有显著的差异，25 岁以上的教师的教学设计能力显著高于 25 岁以下的教师；25 岁以上的不同年龄段的教师在教学设计能力上无显著的差异。这样的结果提示了教学设计能力可能具有稳定的性质，当达到一定水平之后，教学设计能力趋于平稳。代欢也指出教学设计过程采用的步骤大致相同[③]，从这个角度看，教学设计确实具有稳定的性质。

在学术能力、课堂教学与监控能力和教学能力总体上无显著的年龄差异。就学术能力而言，高职院校青年教师学历一般为硕士及以上，具备较强的学习能力、逻辑思维能力和语言表达能力，能够很好地进行个人科研活动和指导学生的研究项目，因此，高职院校青年教师的学术能力不会有显著的年龄差异。在课堂教学与监控能力上，也没有明显的年龄差异。这可能是因为这部分的评价指标较多，如管理课堂能力、教学操作能力、反

① 徐继红，董玉琦．大学教师教学能力现状调查与分析［J］．现代教育管理，2010(05)：76-79.

② 伍鹏程．审视非师范院校教师教育经验促进师范院校教师教育发展［J］．贵州师范大学学报（社会科学版），2010（02）：96-100.

③ 代欢．不同教龄、学历、性别及专业性质的中学教师教学效果分析［D］．重庆：重庆师范大学，2016.

思教学能力等。部分教师在某种指标上得分较低，在其他指标上得分较高，在总体上表现出与他人相近的能力水平，因此无法得到显著的差异结果。本研究还指出，教学能力总体上没有显著的年龄差异，这与王阳[①]的研究结果一致。而刘益春、高夯、董玉琦和徐继红研究发现，不同年龄段的教师教学能力有显著差异[②]。被试的年龄范围不同可能造成以上结果的不同，在本研究和王阳的研究中，被试都是青年教师，而刘益春等人的研究对象在年龄范围上更大，所以在结论上会有不同。而且在本研究教学能力的三个维度中，有两个维度没有显著的年龄差异，因此，可能造成了教学能力总体上没有显著的年龄差异。

4. 高职院校青年教师教学能力在专业类型上的差异分析

在专业类型上，高职院校青年教师的学术能力存在显著差异，文科专业的教师显著高于理科专业的教师。一般来说，学术能力要求教师具备较强的逻辑思维能力、书面表达能力和创新能力等，文科专业的教师由于专业性质的原因，通常具有较好的思维和书面表达能力，理科专业的教师的书面表达可能不如文科专业的教师。

在课堂教学与监控能力、教学设计能力和教学能力总体上没有显著的专业类型差异。课堂教学与监控能力在实践活动中得到发展，因此，课堂教学与监控能力和专业类型的关系不大。教学设计能力非常强调教师要先联系教学对象和教学知识的特点，再确定讲授内容、教学方式和目标，因此教学设计能力与文理科没有很大的关系。本研究还指出教学能力总体上无显著的专业类型差异，这与徐继红和董玉琦（2010）[③]的研究结果一致。教学能力发展路径以教学实践为主，教学工作前所学专业的特点可能对教学能力某个方面有影响，但是从总体来看这种影响不大，因此在专业类型方面无显著的教学能力差异。

① 王阳．地方高校中青年教师教学能力发展现状与对策研究 [J]. 西部素质教育，2018，4（04）：14-16.

② 刘益春，高夯，董玉琦，等．高校教师教学能力发展现状的调查研究——以某部属师范院校为例 [C]. 2011 高校教师发展国际研讨会论文集．2011：133-147.

③ 徐继红，董玉琦．大学教师教学能力现状调查与分析 [J]. 现代教育管理，2010(05)：76-79.

5. 高职院校青年教师教学能力在教学单位类型上的差异分析

在教学单位上，高职院校青年教师的学术能力有显著的差异，211 院校的教师的学术能力显著高于省级院校的教师，其他院校之间无显著的差异。在教学能力总体及其他维度上，不同教学单位的青年教师没有差异。对此的可能解释是：不同院校在教师的培养理念、培训方式、教学侧重点不同。211 院校比较看重学校的科研成果，因此教师的学术能力普遍较高于省级院校。在 985 院校以及其他类型的院校上没有显著的学术能力差异，可能是因为在本研究中，教师以省级高校教师为主，985 院校和市级高校的教师较少，因而没有得到显著的结果。

6. 高职院校青年教师教学能力在教龄上的差异分析

在教龄上，高职院校青年教师的教学设计能力有显著差异，这与曹月新和张博伟①的研究一致，但在教学能力和其他维度上没有显著差异。教学设计差异具体表现为：9 年以上教龄的青年教师的教学设计能力显著高于教龄在 2 年以下和 6 ~ 8 年的教师群体，其他教龄的教师群体之间无显著差异。教龄在 2 年以下的新教师对教材知识点不太熟悉，因此教学设计能力不如教龄时间长的教师群体。这提示我们，高校应加强对新教师的教学设计培训工作。

而 6 ~ 8 年教龄的教师设计能力显著低于教龄 9 年以上的教师，可能是因为 6 ~ 8 年教龄的教师通常忙于准备职称晋升，在晋升压力之下对教学前的工作有所忽视，因此在教学设计能力上有所不足。在教学能力总体及其各维度上，没有显著的教龄差异，这与前文对教学能力的年龄差异研究一致。对此的分析是：青年教师群体的年龄基本在 40 岁以下，且由于高校教师的工作性质，教师的年龄一般在 25 岁以上，因此，高职院校青年教师的教龄与年龄在很大程度上呈正相关，所以得出类似的结论是合理的。

5.4.7 结论

本研究采用自编问卷分析高职院校青年教师教学能力的现状，根据结果可将高职院校青年教师教学能力现状归为以下几点：

---

① 曹月新，张博伟．高校教师教学能力培养问题研究［J］．东北师大学报（哲学社会科学版），2016（02）：208-213.

（1）高职院校青年教师的教学能力属于中等偏上水平。

（2）学术能力在是否毕业于师范院校、专业类型和教学单位类型上有显著的差异，具体表现为：在学术能力上，毕业于师范院校的青年教师显著高于非师范院校的教师；文科专业的青年教师显著高于理科专业的教师；211 院校的教师显著高于省级院校的教师。

（3）教学能力在性别上有显著差异，女性的教学能力显著高于男性的教学能力。

（4）课堂教学与监控能力有显著的性别差异，女性教师的课堂教学与监控能力显著高于男性教师。

（5）教学设计能力在性别、是否毕业于师范院校、年龄和教龄上有显著差异，具体表现为：女教师的教学设计能力显著高于男教师；毕业于非师范院校的教师的教学设计能力显著高于毕业于师范院校的教师；25 岁以上的教师的教学设计能力显著高于 25 岁以下的教师；9 年教龄以上的教师的教学设计能力显著高于教龄在 2 年以下和 6 ~ 8 年的教师。

5.5　高职院校青年教师教学能力的影响因素

5.5.1 前言

由于高校扩招，各大院校的学生数量不断上涨，与此同时，对教师的需求也逐渐加大。伴随着青年教师数量的急剧上升，高校的教学问题日益凸显，青年教师的教学能力引起了学者们的广泛关注。研究高校教师教学能力的因素，为如何发展教师的教学能力提供有针对性的参考依据。

对已有研究梳理发现，影响教师教学能力的因素基本可以归纳为两个角度：一是内部角度，包括教师的敬业精神、道德意识、专业素养、教学志向等等；二是外部角度，包括学校、社会和政府三个方面，具体有培养体系、评课机制、社会报偿、相关政策支持等。但是，这些因素由于不好量化，难以进行数量化分析，所得出的结论多是通过理论思辨得到的，很少是根据实证研究得出的。因此，本研究从实证角度出发，采用自编的教学能力问卷，调查教学能力现状，并从内部角度教学效能感和外部角度社会支持去探究社会支持、教学效能感和教学能力的具体关系。

5.5.2 研究方法

本研究采用以下两种方法：一是文献法，通过文献梳理教师教学能力的影响因素，以便与本研究的结果进行比较，同时了解其他学者对影响因素的观点，为分析提供参考；二是问卷法，通过问卷搜集教师教学能力、社会支持和教学效能感的数据，对三者之间的具体关系进行详细分析。

5.5.3 研究工具

5.5.3.1 高职院校青年教师教学能力问卷

采用自编的信效度较高的高职院校青年教师教学能力问卷，问卷包括15 个项目 3 个维度（教学设计能力、课堂教学与监控能力、学术能力）。整个问卷的 α 系数为 0.921。

5.5.3.2 高校教师教学效能感量表

本研究采用孔明（2004）编制的教学效能感量表，该量表包括 31 条项目和 2 个维度。2 个维度分别是一般教学效能感（前 16 条项目组成）和个人教学效能感（后 15 条项目），采用从完全不赞成到完全赞成 6 个等级计分。量表中有 11 条项目采用反向陈述的形式，分别是 1、2、3、4、6、10、12、13、14、19、21 题，在计分时需做相应的分数转换。该量表和 2 个分量表的 Cronbach 系数为：0.72、0.74 和 0.65，具有较好的内部一致性信度。

5.5.3.3 社会支持评定量表

社会支持评定量表（SSRS）是我国学者肖水源（1994）编制。该量表共分 3 个维度 10 个条目，包括 3 条客观支持、4 条主观支持和 3 条对社会支持的利用度。该量表用来测量个体的社会支持度，其重测信度为 0.92，Cronbach 系数为 0.79，具有较好的信效度。各维度分数越高，说明各维度的水平越高。

5.5.4 研究结果

5.5.4.1 高职院校青年教师教学能力与教学效能感及其各维度的相关

高职院校青年教师教学效能感及各因子情况见表 5-14，从表中可以看出，个人教学效能感的均分大于一般教学效能感均分，教学效能感总体均分为 3.97，属于较好水平。

表 5-14 高职院校青年教师教学效能感及各因子状况

维度	M	SD	Max	Min
一般教学效能感	3.59	0.46	5.38	2.38
个人教学效能感	4.38	0.75	6.00	1.80
教学效能感总体	3.97	0.46	5.65	2.81

将高职院校青年教师教学能力及其各维度与教学效能感及其各维度进行皮尔逊相关分析，结果如表 5-15 所示。

表 5-15 高职院校青年教师与教学效能感及其各维度的相关

	学术能力	教学设计	课堂教学与监控	教学能力总体
一般教学效能感	0.20	0.14**	0.06	0.10
个人教学效能感	0.43**	0.59**	0.66**	0.67**
教学效能感总体	0.35**	0.54**	0.66**	0.57**

由表 5-15 可知，高职院校青年教师教学能力总体与教学效能感、个人教学效能感呈显著正相关（$p<0.01$），与一般教学效能感无显著的相关；课堂教学与监控能力、学术能力都与个人教学效能感、教学效能感呈显著的正相关（$p<0.01$），与一般教学效能感无显著相关；教学设计能力与一般教学效能感、个人教学效能感和教学效能感都呈显著相关（$p<0.01$）。总体而言，高职院校青年教师教学能力及其各维度与教学效能感存在显著相关（$p<0.01$），与教学效能感的部分维度也存在显著的相关关系（$p<0.01$）。

5.5.4.2 高职院校青年教师教学能力与社会支持及其各维度的相关

高职院校青年教师社会支持及其各维度的情况见表 5-16，由表可知，主观支持得分的标准差较大，说明在此维度上被试的分数离散程度较大。

表 5-16 高职院校青年教师社会支持及各因子的基本情况

	Min	Max	M	SD
客观支持分	0.33	6.67	2.90	1.09
主观支持分	2.25	8.00	6.32	1.17
支持利用度	1.33	4.00	2.93	0.56
社会支持总分	1.60	6.10	4.28	0.76

为考察高职院校青年教师教学能力及其各维度与社会支持的关系，运用皮尔逊相关法，结果如表 5-17 所示。

表 5-17 高职院校青年教师教学能力与社会支持及其各维度的相关

	学术能力	教学设计	课堂教学与监控	教学能力总体
客观支持分	0.05	0.32★★	0.26★★	0.27★★
主观支持分	0.39★★	0.42★★	0.47★★	0.50★★
支持利用度	0.19★★	0.29★★	0.31★★	0.32★★
社会支持总分	0.30★★	0.46★★	0.47★★	0.49★★

由表 5-17 可知，高职院校青年教师教学能力总体与社会支持及其各维度之间呈显著的正相关（$p<0.01$）；除了学术能力之外，教学能力的其他维度与社会支持各维度之间都呈显著的正相关（$p<0.01$）；除了客观支持外，学术能力与社会支持的其他维度具有显著的正相关（$p<0.01$）。

5.5.4.3 高职院校青年教师教学能力与教学效能感的回归分析

以高职院校青年教师教学能力为因变量，教学效能感及其各维度为自变量，进行逐步多元回归分析，探讨其对高职院校青年教师教学能力的影响，结果见表 5-18。

表 5-18 高职院校青年教师教学能力与教学效能感的回归分析

预测变量	变量顺序	B	β	t	p	R^2	调整后 R^2
教学能力总分	常数	22.12		9.43	0.000	0.447	0.45
	个人教学效能感	0.57	0.67	16.14	0.000		
学术能力	常数	5.38		7.20	0.000	0.19	0.18
	个人教学效能感	0.10	0.43	8.58	0.000		
教学设计	常数	8.67		7.59	0.000	0.35	0.35
	个人教学效能感	0.23	0.59	13.22	0.000		
课堂教学与监控	常数	8.08		7.84	0.000	0.44	0.44
	个人教学效能感	0.25	0.66	15.86	0.070		

由表 5-18 可知，预测高校教师教学能力总体的是个人教学效能感，预测了 45% 的变异量，回归方程为：教学能力总体 =22.12+0.57× 个人教学效能感。

预测学术能力的是个人教学效能感，预测了 18% 的变异量，回归方程为：学术能力 =5.38+0.10× 个人教学效能感。

预测教学设计能力的是个人教学效能感，预测了 35% 的变异量，回归方程为：教学设计能力 =8.67+0.23× 个人教学效能感。

预测课堂教学与监控能力的变量是个人教学效能感，预测了 44% 的变异量，回归方程为：课堂教学与监控能力 =8.08+0.25× 个人教学效能感。

5.5.4.4 高职院校青年教师教学能力与社会支持的回归分析

以高校教师教学能力为因变量，社会支持各因子为自变量，进行逐步多元回归分析，探讨其对高校教师教学能力的影响，结果如下表5–19所示。

表5-19 高职院校青年教师教学能力与社会支持的回归分析

预测变量	变量顺序	B	β	t	p	F	R^2	调整后 R^2
教学能力总分	常数	32.08		12.14	0.000	55.82	0.26	0.25
	主观支持	0.60	0.29	2.73	0.007			
	社会支持总分	0.29	0.23	2.13	0.034			
学术能力	常数	6.57		9.30	0.000	31.90	0.17	0.16
	主观支持	0.24	0.44	7.93	0.000			
	社会支持总分	−0.10	−0.12	−2.24	0.026			
教学设计	常数	12.54		10.37	0.000	85.31	0.21	0.21
	社会支持总分	0.26	0.46	9.24	0.000			
课堂教学与监控	常数	12.78				49.50	0.24	0.23
	主观支持	0.23	0.26	2.34	0.019			
	社会支持总分	0.13	0.24	2.20	0.028			

由表5–19可知，预测教学能力总分的变量有2个，分别是主观支持和社会支持，预测了25%的变异量，回归方程为：教学能力总分=32.08+0.6×主观支持+0.29×社会支持。

预测学术能力的变量有2个，分别是主观支持和社会支持，预测了16%的变异量，回归方程为：学术能力=6.57+0.24×主观支持−0.10×社会支持。

预测教学设计的变量是社会支持，预测了21%的变异量，回归方程为：教学设计能力=12.54+0.26×社会支持。

预测课堂教学与监控能力的变量有2个，分别是主观支持和社会支持，预测了23%的变异量，回归方程为：课堂教学与监控能力=12.78+0.23×主观支持+0.13×社会支持。

5.5.4.5 教学效能感在高职院校青年教师教学能力与社会支持间的中介作用

采用温忠麟和叶宝娟[①]提出的中介效应检验程序，先对检验变量得分取均值并中心化处理，生成三个对应的变量：自变量（X）为中心化的社会支持总分，中介变量（M）为中心化的教学效能感总分，因变量（Y）为中心化的教学能力总分。如图5–3所示，然后依次检验*c*、*a*、*b*以及*c*'

① 温忠麟，叶宝娟．中介效应分析：方法和模型发展[J]．心理科学进展，2014，22（05）：731-745.

的显著性。

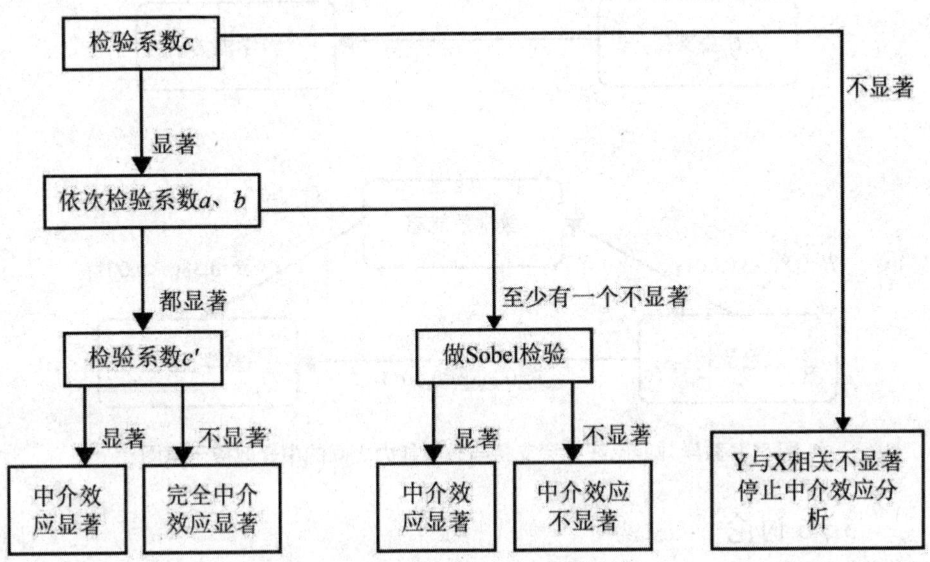

图 5-3　中介效应检验程序

采用逐步变量法进行三步回归分析，对教学效能感在教学能力和社会支持之间的中介效应进行检验，结果见表 5-20。

表 5-20　教学效能感在教学能力和社会支持之间的中介效应检验结果

	教学能力	教学效能感	教学能力			
自变量	B	t	B	t	B	t
社会支持	0.61	10.11***	0.80	8.38***	0.38	6.36***
中介变量						
教学效能感					0.38	12.55***

由表 5-20 可知，社会支持对高职院校青年教师教学能力具有极其显著的预测力（B=0.61，p<0.001），即回归系数 C 显著；社会支持对教学效能感具有极其显著的预测力（B=0.80，p<0.001），即回归系数 *a* 显著；在引入教学效能感作为中介变量后，教学效能感对教学能力具有极其显著的预测力（B=0.38，p<0.001），即回归系数 *b* 显著；社会支持对教学能力仍具有非常显著的预测力（B=0.38，p<0.01），即回归系数 *c*’ 显著。这说明教学效能感在社会支持与教学能力中起部分中介作用。

根据表 5-20，可以得到以下路径分析图，见图 5-4。

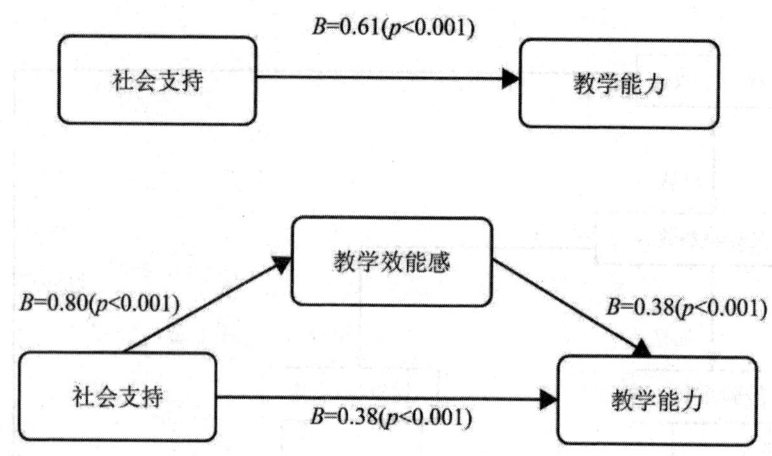

图 5-4 教学效能感在社会支持与教学能力之间的中介效应示意图

5.5.5 讨论

5.5.5.1 高职院校青年教师教学能力与教学效能感、社会支持的关系分析

1. 高职院校青年教师教学能力与教学效能感的关系分析

本研究表明，高职院校青年教师的教学效能感与教学能力及其各维度呈显著的正相关；一般教学效能感与教学设计能力有显著的正相关关系，与教学能力和其他各维度上没有显著的相关关系；个人教学效能感对教学能力及其各维度有显著的预测作用。

对此，其他研究者也得出了类似的结果，例如余承海和姚本先指出个人教学效能感的高低会影响教师的教学能力[①]；张学民等人通过实验法和心理测量指出教学效能感与课堂教学有显著正相关[②]。究其原因，李韧指出教学效能感高的教师，对自己提高学生发展的能力有积极的评价，并且

① 余承海，姚本先．论高校教师的教学能力结构及其优化［J］．高等农业教育，2005（12）：53-56.

② 张学民，申继亮，林崇德．小学教师课堂教学能力构成的研究［J］．心理发展与教育，2003（03）：68-72.

希望在教学中不断提高这一能力[①]。也就是说，教学效能感高的个体对个人能力有信心，并且具有较强的动机，愿意在教学中投入更多的精力。教学能力提高后会带动教学效能感的发展，所以它们的相关关系显著。

一般教学效能感与教学设计有显著的相关，与学术能力、课堂教学与监控能力、教学能力总体无显著的相关关系。一般教学效能感是教师对教学问题的认识，如对教育与学习的关系和教育作用等问题的看法[②]。一般教学效能感越高，教师越认可教学的作用，教师更愿意做好教学的初始环节—教学设计，所以一般教学效能感与教学设计之间存在着显著的相关关系。而学术能力以科研能力为主，一般教学效能感强调的是对教育的看法，所以两者之间没有紧密的联系。课堂教学与监控能力是通过积累足够的教学经验后才有显著的提升，信念再高没有教学实践也无法提高教学能力。

研究发现，个人教学效能感能显著预测教学能力及其各维度。个人教学效能感是教师对个人教学活动的看法和评价。王海南认为，效能感高的教师会主动参加各类培训，丰富知识体系，发展个人教学能力[③]。也就是说，个人教学效能感越高，教师对个人教学能力的评价也越高，进而愿意参加各类教学活动、学术活动和解决各种教学难题，在实践中发展自身的教学能力。

2. 高职院校青年教师教学能力与社会支持的关系分析

对教学能力与社会支持的关系研究发现，社会支持与教学能力及其各维度之间存在显著的正相关关系；除了学术能力，客观支持与教学能力及其他维度有显著的正相关关系；主观支持和支持利用度与教学能力及其各维度存在显著的正相关关系；社会支持能显著预测教学能力及其各维度；主观支持能显著预测学术能力、课堂教学与监控能力、教学能力。

一般来讲，高职院校青年教师面临各种生活压力，如来自恋人的情感压力、对家庭的责任压力、维系生活的经济压力等；在教学工作中也面临着教学任务和科研活动的工作压力。在各种压力之下，青年教师容易有负面情绪，这种负面情绪带到教学工作中会制约教学能力的发展。社会支持

① 李韧．高校教师教学效能感与教学效果研究［J］．科技信息，2006（S5）：132-133.

② 俞国良，辛涛，申继亮．教师教学效能感：结构与影响因素的研究［J］．心理学报，1995（02）：159-166.

③ 王海南．教师教学效能感的特点及影响因素的研究［J］．现代交际，2017(12)：1-2.

作为一种有效的保护性因素，能够缓解负性情绪，使个体处于良好的心理状态，进而提高教学效率。主观支持是指个体感受到自己受到他人尊重、被他人支持和被理解的感觉。王海南指出，教师所得到的社会认可和尊重对教师自信心的提升具有重要作用，当教师对个人能力抱有正向态度时，为了保持这种能力，教师会积极参与教学活动，从而在活动中不断发展个人教学能力。客观支持是指个人直接得到的各种帮助，教师在工作和生活中得到的帮助越多，对教学能力的提高就越有利。例如，当教师忙于家庭而无暇关注教学时，家人对教师的支持和帮助会让教师在教学上投入更多的精力。对支持的利用度是指个人利用各方帮助的程度，如果教师能够获得多方的帮助却不加以运用，那么这些帮助就形同虚设，无法对教学能力的提高起到积极作用。总而言之，如果教师在物质和精神上的需要得到极大满足，并且善于运用各方的帮助，那么个体的教学水平会显著上升。

5.5.5.2 教学效能感在社会支持与教学能力之间的中介作用分析

在社会支持对教学能力的影响中，教学效能感起着部分中介的作用，即社会支持能够影响高职院校青年教师的教学能力，并且社会支持对教学能力的影响是通过教学效能感这一中介变量实现的。

目前，针对高职院校青年教师教学效能感与教学能力的关系的研究不多，但普遍得到了类似的结论，即教学效能感与教学能力关系密切，教学效能感影响教师的教学能力，具体体现为：高教学效能感的教师对教学能力充满信心，能够积极调控个人教学活动，具有较高的教学水平；反之，低教学效能感的教师缺乏自信，对教学易产生不可控感，从而影响教学能力。因此，有研究者认为，提高教学能力需要关注教师的教学效能感[①]。

研究社会支持与教学效能感的关系的学者较多，大部分研究者认为，社会支持与教学效能感具有显著的正相关关系。例如：宋成对背景特殊教育学校教师的调查发现，社会支持对教学效能感有一定的正向预测作用[②]。社会支持高的个体，从家庭、朋友、同事等获得的肯定和帮助越高，对自己的教学评价越高；如果在教学上得到他人的理解和支持，教师会认

① 吴正霞，余承海. 独立学院青年教师教学能力的培养[J]. 理工高教研究，2007(04)：80-81.

② 宋成. 北京市特殊教育学校教师职业倦怠、教学效能感及社会支持关系的研究[J]. 运动，2013（02）：71-73，125.

为自己具备较好的教学能力，同时具备较高的教学效能感[①]。当对自己能力的认同度高时，个体会积极参加各类活动，积累教学成败经验，在无形中锻炼个人的教学能力。相比否定个人教学能力的教师，信心较高的老师在参与教学活动时，较少有焦虑和紧张的情况，教学能力发挥得就好，从而取得良好的教学效果。从这个意义上来说，教学效能感在这一过程中起到了中介的作用，即外在的社会支持通过个体内在的教学效能感影响了教师的教学能力。

5.5.6 结论

通过相关分析、回归分析和中介效应检验，本研究得出了以下结论：

除教学设计能力外，高职院校青年教师的教学能力和其他维度与教学效能感、个人教学效能感呈显著正相关。

教学设计能力与教学效能感及其各维度有显著正相关。

个人教学效能感能显著预测教学设计能力及其各维度。

除学术能力外，教学能力和其他维度与社会支持及其各维度呈显著的正相关。

社会支持能显著预测教学能力及其各维度；除教学设计能力外，主观支持能显著预测教学能力及其他维度。

学术能力与主观支持、对支持的利用度和社会支持呈显著正相关。

社会支持对教学能力有显著影响，其中教学效能感起着部分中介的作用。

5.6　本章小结

为了考察高职院校青年教师教学能力的现状，分析影响教师教学能力的因素，本研究采用教学能力问卷（自编）、教学效能感量表和社会支持评定量表随机调查了350名40岁以下的青年教师，其中有效被试324名。结果表明：①自编问卷具有较高的信效度，能够作为调查老师教学能力情况的有效问卷。②高职院校青年教师的教学能力处于中等偏上水平。③高职院校青年教师的教学能力、课堂教学与监控能力在性别上有显著差异，

① 黄喜珊，王永红．教师效能感与社会支持的关系[J]．中国健康心理学杂志，2005（01）：45-47.

女性在这些方面的能力显著高于男性。④教学设计能力在性别、是否毕业于师范院校、年龄和教龄上存在显著差异。在教学设计能力上，女性高于男性 25 岁以上的教师高于 25 岁以下的教师；9 年以上教龄的教师显著高于 2 年以下和 6 ～ 8 年教龄的教师。⑤学术能力在是否毕业于师范院校、专业类型和教学单位上有显著差异。在学术能力上，师范院校毕业的教师高于非师范院校的教师；文科专业的教师高于理科专业教师；211 院校的教师高于省级院校的教师。⑥高职院校青年教师教学能力、课堂教学与监控能力、学术能力与教学效能感、个人教学效能感呈显著正相关；教学设计能力与教学效能感、一般教学效能感、个人教学效能感有显著正相关，个人教学效能感能显著预测教学能力及其各维度。⑦教学能力、课堂教学与监控能力、教学设计能力与社会支持及其各维度呈显著的正相关；社会支持能显著预测教学能力及其各维度；主观支持能显著预测课堂教学与监控能力、学术能力和教学能力；学术能力与主观支持、对支持的利用度和社会支持呈显著正相关。⑧社会支持对教学能力有显著影响，其中教学效能感起着部分中介作用。

6 高职院校青年教师职业认同、组织支持感与工作投入的关系

2019 年 1 月，国家颁布实施了《国务院关于印发国家职业教育改革实施方案》，以下简称《方案》，指出了职业教育的重要性，我们国家的百年大计是以教育为本的，而教育大计则以教师为本，所以对职业院校教师的研究便成为众多学者的首选，而在积极心理学的影响下，工作投入也成为研究的热点。Schaufeli 指出工作投入是一种认知状态①，当工作投入度高时，员工会全身心地投入工作，完成工作任务；与此相反的是，工作投入度低会降低员工的工作效率。所以，工作投入度的高低成为衡量员工工作态度的重要指标。梳理国内外相关文献，发现学者们将影响工作投入的因素概括为两个方面：个体特征和工作组织因素。个体特征主要包括的是一些人口学变量，很少从个体的认知层面进行研究，所以本研究进行一定的补充，探讨个体职业认同对工作投入的影响。

社会认同理论提出，当个体所在群体处于劣势时，个体将会不认同其所在群体，或者根据自身所处的情境来改变行为方式，进而转向处于优势地位的群体。所以说，教师所在学校的环境好坏会对其职业认同、价值观、行为倾向产生大的影响。而当下，职业院校对教师的准入制度还不完善，使得教师整体水平良莠不齐，导致学校会忽视很多真正有想法有能力的教师，没有给予他们足够的支持和重视。这样的话，教师们觉得自己的努力没有被看到，就会消极怠工，工作积极性不高，从而影响到整个学校的工作。

① Wilmar B. Schaufeli, Marisa Salanova, Vicente González-romá, Arnold B. Bakker. The Measurement of Engagement and Burnout: A Two Sample Confirmatory Factor Analytic Approach[J]. Journal of Happiness Studies, 2002, 3 (1).

所以，本研究以教师的职业认同和工作投入为切入点，对高职院校青年教师这一学校组织成员的职业认同和工作投入现状，以及影响职业认同和工作投入的主要因素进行探索。并在此基础上，引入组织支持感作为中介变量，对职业认同、工作投入和组织支持感之间的关系进行研究，从而为改善高职院校青年教师队伍管理，提升其职业素养，最终提高高职院校青年教师工作绩效提供理论依据。

6.1 文献综述

6.1.1 工作投入的研究概述

6.1.1.1 工作投入的概念界定

Lodahl 和 Kejner（1965）提出工作投入是个人在心理上对工作的投入程度[①]。后面受到积极心理学思潮的影响，工作投入成为新的研究热点。Schaufeli 将工作投入定义了三个特征：活力、奉献和专注[②]。

本研究中的工作投入是指高职院校青年教师在面对工作时，认知、情感和行为上都表现出一种积极状态。这表现为在工作上具有敬业精神、奉献精神并且充满活力。

6.1.1.2 工作投入的测量

工作投入成为新的研究热点之后，为了研究工作投入的作用机制，国内外学者们开发出了不同的测量问卷，从而更好地针对不同学者提出了不同的概念。

Maslach 指出，工作投入与工作倦怠是对立的，所以可以利用工作倦

① Lodahl T M,Kejner M.The Definition and Measurement of Job Involvement[J].Journal of Applied Psychology, 1965,49(1):24-33.

② Wilmar B. Schaufeli, Marisa Salanova, Vicente González-romá, Arnold B. Bakker. The Measurement of Engagement and Burnout: A Two Sample Confirmatory Factor Analytic Approach[J]. Journal of Happiness Studies, 2002, 3 (1).

怠量表来测量工作投入[①]。即改变计分方式，把工作倦怠量表的每个维度进行反向计分，所得结果便是工作投入的结果。后来，Schaufeli 提出要用适合的量表来测量工作投入[②]，于是根据定义的三个特征，编制了 UWES 量表。总量表包含 17 个条目，分活力（是否愿意努力工作，面对困难坚持到底）、奉献（是否觉得工作有意义，工作时能否充满激情和自豪感）和专注（工作时是否能快乐的沉浸在其中）三个维度，每个维度上分别有 6、5、6 道题。后来，经过实证研究表明这个量表的信效度较高，可以使用。本研究选用的便是 UWES 量表。

张铁文、甘怡群修订了 Schaufeli 等人的 UWES 量表[③]，修订后的中文版 UWES 量表具有很好的跨文化一致性，量表总分的内部一致性系数在 0.9 以上，说明修订后的量表具有很高的信效度，可以为今后的相关研究所采用。

6.1.1.3 工作投入的影响因素

综合国内外对工作投入进行研究的相关文献，本研究将影响工作投入的因素整理为个体因素和工作组织因素两个方面。

个体因素。个体因素主要包括性别、年龄、职称、职位、学历和教龄等人口统计学变量因素。性别上，李静[④]和金梦[⑤]通过研究表明性别在工作投入上具有显著差异，女性的工作投入得分均高于男性。这表明，女教师能够更积极、热情地投入工作，更愿意为工作付出努力。而范小青则指出，在活力投入、专注投入及工作投入总分上男性高中教师的得分均显著高于

① Maslach C.，Schaufeli W.B.&Leither.P.. Job Burnout[J].Annual Review of Psychology，2001，52：397-422.

② Wilmar B. Schaufeli，Marisa Salanova，Vicente González-romá，Arnold B. Bakker. The Measurement of Engagement and Burnout：A Two Sample Confirmatory Factor Analytic Approach[J]. Journal of Happiness Studies，2002，3（1）.

③ 张铁文，甘怡群．中文版 Utrecht 工作投入量表（UWES）的信效度检验 [J]. 中国临床心理学杂志，2005（03）：268-270，281.

④ 李静．中小学教师绩效薪酬感知、薪酬满意度与工作投入的关系 [D]. 安徽师范大学，2013.

⑤ 金梦．中小学教师职业认同、心理资本与工作投入的关系研究 [D]. 南京：南京师范大学，2015.

女性教师[①]。年龄上，李静[②]发现中小学教师在不同年龄段上的专注投入有显著差异，46 岁以上的中小学教师在专注投入上得分更高，25 岁以下的教师得分则较低。金梦[③]也得出工作投入在年龄上有显著差异，但 26 岁以下的教师工作投入得分较高，这是因为在工作的前两三年内，还保留着对工作的热情，才能很好地投入到工作当中去。26 ~ 35 岁的教师工作投入度较低，因为这个时间段教师面临家庭工作的双重压力，不能很好地协调两者，从而减少对工作投入的精力。职称上，金梦表明，工作投入在职称上存在显著差异，高级职称的教师在工作投入上的得分要高于中级职称、初级职称的教师[④]。范小青指出在奉献维度及工作投入总分上，担任班主任的高中教师得分均显著高于未担任班主任的高中教师。而李静则发现，在职称和是否担任班主任上工作投入都没有差异。魏麟伯研究发现，不同学历和不同教龄的幼儿教师在工作投入上具有显著差异[⑤]。金梦指出，不同学校教师在工作投入上有显著差异，工作投入程度最高的是小学教师，职业中学教师则最低。工作投入在学科上也存在显著差异，音、体、美教师的得分显著高于语数英、政史地、物化生和其他类教师。

工作组织因素。李金波、许百华和陈建明研究发现，组织支持、组织公平、福利待遇、晋升机会等因素都会影响员工的工作投入[⑥]。工作要求—资源模型和工作—个人匹配理论从不同的角度阐述了影响工作投入的因素。这些研究表明，组织公正感、心理资本和职业认同等心理和组织方面的工作资源是工作投入的重要预测变量。目前还存在一些综合性的观点，即认为工作投入的影响因素是多元的，如 Rich，Leine 和 Crawford 研究结

① 范小青．高中教师心理资本、核心自我评价与工作投入的相关研究 [D]. 武汉：湖北大学，2014.

② 李静．中小学教师绩效薪酬感知、薪酬满意度与工作投入的关系 [D]. 安徽师范大学，2013.

③ 金梦．中小学教师职业认同、心理资本与工作投入的关系研究 [D]. 南京：南京师范大学，2015.

④ 同③

⑤ 魏麟伯．幼师情绪智力、主观幸福感与工作投入的关系研究 [D]. 长春：吉林财经大学，2014.

⑥ 李金波，许百华，陈建明．影响员工工作投入的组织相关因素研究 [J]. 应用心理学，2006（02）：176-181.

果表明，当员工具有较高的组织支持度时，员工工作会更投入[①]。

6.1.2 职业认同的研究概述

6.1.2.1 职业认同的概念界定

1. 职业认同

沈朝轻指出，职业认同（career identity）是职业对个人身份角色的重要程度，是个体对于所从事职业的肯定性评价，是个体对于所从事职业的积极感知和认可程度。它是在个体与社会的相互作用过程中形成的[②]。

2. 教师职业认同

刘敏认为，教师职业认同是个体在从事教育领域对职业所产生的认同，是一种过程也是一种状态。过程是教师自身在教育领域不断发展与成长，从而逐渐对自己的角色产生确定、确认的过程[③]。“状态”是指，教师职业认同是当下教师个体对自己所从事的教师职业的认同程度。罗艺婷提出，“教师职业认同”是由职业认同引发而来的，是教师在其角色学习和扮演过程中对自己职业的认识、情感、期望、意志、价值观以及职业技能的感知，它是教师职业角色成长中十分重要的组成部分[④]。

本研究中的教师职业认同是一种状态，是指高职院校青年教师对于当前职业的角色价值观、职业行为倾向、职业价值观和职业归属感四个方面的感知和认可程度。

6.1.2.2 职业认同理论的研究

通过对国内外文献的查阅，发现学者们对职业认同理论的研究大致分为三个方面：

---

① Rich B L , Lepine J A , Crawford E R . Job Engagement: Antecedents and Effects on Job Performance[J]. Academy of Management Journal, 2010, 53(3):617-635.

② 沈朝轻 . 中等职业学校教师职业认同现状调查研究 [D]. 天津：天津大学，2015.

③ 刘敏 . 中等职业学校教师职业认同、责任感与职业倦怠关系研究 [D]. 长沙：湖南农业大学，2015.

④ 罗艺婷 . 浅谈影响高职教师职业认同的因素 [J]. 天津职业院校联合学报，2016, 18（12）：51-54.

状态理论。Melucci认为，职业认同会依据社会情境、个体因素及紧急事件而多次改变，认同是来自于不断重建和磋商中的。

过程理论。Dillabough认为，职业认同从来不是固定的、预设的，而是通过不同的社会情境和环境中获得对行为、语言、日常实践等解释，或从从事某一行业的过程中发展而来的[①]。Vanden Berg认为，职业认同是个体的经验与他们所处的社会环境、工作环境、文化氛围和制度设定相互作用的结果。蔡辰梅指出，教师职业认同就是教师在工作中收获价值和意义，在工作中确认获得快乐和自尊的过程[②]。张丽萍、陈京军和刘艳辉认为，教师职业认同是指教师把自己所扮演的职业角色内化为自我的一部分，并且内化的职业角色和自我其他部分建立起一致性关系的过程[③]。

感知理论。Samuel和Stephens提出职业认同是个体工作中形成的自我的感知[④]，即自我在生活体验中获得的一系列充满争论的或是充满矛盾的价值、行为和态度的总的理解和接受。于慧慧将教师职业认同界定为教师个体接受教师这个身份，从心底认可它，并能够对它的各方面有积极评价和正面感知[⑤]。

6.1.2.3 教师职业认同研究现状

关于教师职业认同的研究起源于国外。最早可追溯到1987年，Crow首先提出教师角色认同感这一概念。我国对职业认同的研究始于2005年，高振发发现对职业认同的研究主要以高职教师、中小学教师、师范生、特殊教育教师等为对象，以角色价值观、职业情感、职业认知、核心自我评价、组织认同、职业倦怠等为内容，涉及教师年龄、性别、学历、职称、教龄

① Jo-Anne Dillabough. Gender Politics and Conceptions of the Modern Teacher：Women，Identity and Professionalism[J]. British Journal of Sociology of Education，1999，20（3）.

② 蔡辰梅，刘刚．“教师是一种良心活”——对教师职业认同方式的分析与反思[J]. 教师教育研究，2010，22（01）：6-11.

③ 张丽萍，陈京军，刘艳辉．教师职业认同的内涵与结构[J]. 湖南师范大学教育科学学报，2012，11（03）：104-107.

④ Michael Samuel，David Stephens. Critical dialogues with self：developing teacher identities and roles — a case study of South African student teachers[J]. International Journal of Educational Research，2000，33（5）.

⑤ 于慧慧．中学青年教师职业认同现状研究[D]. 长沙：湖南师范大学，2006.

等教师特征变量[①]。罗艺婷认为教师只有对所从事的职业在其内心充分认可，并主观对自己所从事的职业进行肯定，从中获得乐趣与满足，才能够真正全身心地投入到教育教学工作中去，毫无保留地付出自己的热情与努力[②]。反之，如果教师对于自己的工作感到无趣厌烦，那么其职业认同感势必将处于较低水平，这会对教学质量和教师队伍的稳定构成极大威胁；与此同时，对教师自身的专业发展乃至高职院校学生今后的发展也会造成一定的负面影响，应当引起全社会的共同关注。从魏淑华、马红宇及蔡宇轩等国内学者的已有研究成果来看，教师的职业认知、职业情感及职业行为是研究教师职业认同的三个重要维度。

6.1.2.4 教师职业认同影响因素

综合国内外对教师职业认同研究的相关文献，本研究将影响教师职业认同的因素整理为以下三个方面：

教师特征变量。教师职业认同受性别、年龄、学历、职称、教龄等教师特征变量以及收入情况的影响。性别上，魏淑华和宋广文[③]得出结论，女教师职业认同水平要显著高于男教师。而沈朝轻则得出男性职业认同水平总体高于女性的结论[④]，这可能是因为该学校的性质，学校比较注重动手操作和实践能力，需要脑力和体力的结合，而女性在体力这方面稍微欠缺。另外，年龄上，沈朝轻得出 41 ~ 45 岁的教师职业认同的总体水平最低，尤其是在职业情感和职业认识维度上；年龄在 30 岁以下的教师职业认同的总体水平则最高；刘敏指出，年龄在 36 ~ 40 岁的教师在职业认同四个维度上都普遍低于其他年龄阶段；51 岁以上的教师职业认同水平随年龄的增长而逐渐降低[⑤]。学历方面，沈朝轻的研究表明研究生

① 高振发 . 高职教师职业认同与专业发展的相关性分析 [J]. 教育与职业，2018(19)：87-93.

② 罗艺婷 . 浅谈影响高职教师职业认同的因素 [J]. 天津职业院校联合学报，2016，18（12）：51-54.

③ 魏淑华，宋广文 . 国外教师职业认同研究综述 [J]. 比较教育研究，2005（05）：61-66.

④ 沈朝轻 . 中等职业学校教师职业认同现状调查研究 [D]. 天津：天津大学，2015.

⑤ 刘敏 . 中等职业学校教师职业认同、责任感与职业倦怠关系研究 [D]. 长沙：湖南农业大学，2015.

及以上学历的教师职业认同的总体水平要高于其他学历教师[①]。郭振肖得出结论，学历越高，高职院校青年教师在职业生存环境、职业地位和职业发展维度的得分也随之增加[②]。职称方面，刘敏、孙晓涛和沈朝轻研究表明，高级职称教师职业认同程度要高于中级和初级教师，助理讲师的得分则较低。教龄上，孙晓涛[③]和陈月林[④]发现，教龄在21年以上的教师职业认同度最高，新入职的青年教师职业认同度比较低，这可能是因为青年教师走上教师岗位的时间较短，对教师这个职业的理解还不深刻。认同程度最低的是有11 ~ 20年教龄的教师。薪资方面，大多学者研究表明，不同收入水平的教师总体职业认同没有显著差异。但孙晓涛[⑤]得出结论，收入高的教师职业认同度比较高，这可能是因为收入高的教师从事教师职业的时间比较长，有着高级职称和较好工作待遇，从而职业认同度比较高。

家庭因素。家庭对个人的发展有着重要影响。婚姻状况方面，沈朝轻发现在职业意志维度上，已婚教师得分要高于未婚教师[⑥]。刘敏表明，离异教师在职业认同得分上要显著低于已婚和未婚教师。[⑦]

环境因素。教师所在学校的环境也会影响教师的职业认同度。孙晓涛和刘敏研究发现，不同类别学校的高职院校青年教师职业认同有显著差异，和普通学校的教师相比，重点学校的教师则有着更高的职业认同度。郭振肖指出，在职业生存环境、职业地位和职业发展这三个维度上，国家级重点和省重点学校的高职院校青年教师职业认同均分都高于普通学校的高职院校青年教师得分。刘敏研究得出，学校所在地为城市的教师职业认同均分要显著高于乡镇和农村的教师，而学校所在地为农村的教师职业认同得分则最低。

---

① 沈朝轻．中等职业学校教师职业认同现状调查研究 [D]. 天津：天津大学，2015.

② 郭振肖．中等职业学校教师职业认同现状研究 [D]. 长春：吉林农业大学，2015.

③ 孙晓涛．秦皇岛市中职教师职业认同的现状及对策研究 [D]. 秦皇岛：河北科技师范学院，2015.

④ 陈月林．昆明市中等职业学校青年教师职业认同研究 [D]. 成都：四川师范大学，2013.

⑤ 同④

⑥ 同②

⑦ 同①

6.1.3 组织支持感的研究概述

6.1.3.1 组织支持感的概念界定

Eisenberger（1986）提出了组织支持感的概念（Perceived-Organizational Support，简称 POS），认为 POS 是指员工因企业关心自己并重视自己的贡献而产生的一种感受[①]。员工往往会在工作过程中形成有关组织如何评价他们的贡献和是否关注员工福利的综合知觉，当员工感受到来自组织的支持，即感到组织对其关心、支持、认同时，他们在工作中就会有很好的表现。组织支持还可以理解为，在员工需要有效工作和应对压力情景时，他从组织中能够获得帮助的保证和确信。而在中国文化背景下，凌文辁、杨海军和方俐洛把组织支持感定义为：组织支持感是员工知觉到的组织对他们工作上的支持，对他们利益的关心和对他们价值的认同[②]。

本研究对高职院校青年教师组织支持感的定义是：高职院校青年教师感受到的所在学校对其工作的尊重和支持、工作价值的认同以及对他们生活上的关心程度。

6.1.3.2 组织支持感研究现状

冯明生通过梳理相关研究发现，关于组织支持感维度的划分大致可分为四种[③]，即单维度、两维度、三维度和多维度。组织支持感的结果变量主要表现在两个层次：一是员工的组织支持感对组织承诺、工作满意度、工作绩效及组织公民行为等变量产生的正向影响作用；二是员工的组织支持感对离职倾向、工作倦怠及工作压力等变量产生的负向影响。我国学者对于组织支持理论领域的研究不多，只有少量的研究开始涉及组织支持的测量。凌文辁等学者在研究组织承诺时发现中国员工的组织支持感可以分

---

① Eisenberger，Robert，Huntington，Robin，Hutchison，Steven，Sowa，Debora. Perceived organizational support.[J]. Journal of Applied Psychology，1986，71（3）.

② 凌文辁，杨海军，方俐洛．企业员工的组织支持感 [J]．心理学报，2006（02）：281-287.

③ 冯明生．新生代知识型员工组织公平感知对工作投入的影响研究：组织支持感的中介作用 [D]．济南：山东财经大学，2018.

为员工生活方面的支持和员工工作方面的支持两个维度[①]。后来，考虑到中西文化差异，凌文辁等学者通过对多个省份近1000被试的调查，研究发现通过验证性因子分析中国企业员工组织支持感心理结构不同于西方员工的单维结构，是一个多维的心理结构，包括三个维度：工作支持、员工价值认同和关注员工利益。

6.1.3.3 组织支持感测量

国外学者Eisenberger开发了（Survey of Perceived Organizational Support，简称SPOS）组织支持感问卷，该问卷由36个条目组成，其中包括18个反向计分题，具有很高的信效度。通过对36个条目进行因素分析，发现它们的载荷很高，可以只归为一个因素。此后，研究者们对初始问卷，以及后面更少条目的版本开展了大量的关于其建构的研究，结果也支持了组织支持感所测量的是一个单一维度，所以后来的研究者一般采用其短型问卷，分别包括17个条目或8个条目，经验证信度和效度也较高。本研究则使用只有八个条目的最简版问卷。

6.1.3.4 组织支持感影响因素

综合国内外对组织支持感的研究文献，本研究将影响组织支持感的因素整理为两个方面：

个体差异。教龄上，谢蕾蕾[②]和张昊智[③]的研究表明，处于教龄两端的教师组织支持感较高。李凡发现教龄在11年及以上的教师的情感性组织支持感和工具性组织支持感都高于教龄在10年及以内的教师[④]。但汤金宝则得出随着教龄时间的增加，教师感受到的组织支持感逐渐递减[⑤]的结论。谢蕾蕾指出，在职务上，教师的组织支持感存在显著差异，其中

① 凌文辁，杨海军，方俐洛．企业员工的组织支持感[J]．心理学报，2006（02）：281-287.

② 谢蕾蕾．中学教师组织支持感的相关因素研究[D]．曲阜：曲阜师范大学，2008.

③ 张昊智．中学教师心理契约、组织支持感与职业倦怠的关系研究[D]．长春：东北师范大学，2009.

④ 李凡．初中教师组织支持感的影响因素及其与教学创新的关系研究[D]．伊犁：伊犁师范大学，2019.

⑤ 汤金宝．中学教师组织支持感对工作满意度、工作压力的作用机制研究[D]．南京：南京航空航天大学，2018.

年级组长的组织支持感最高[①]。月收入对教师组织支持感的影响最大，月收入在 2000 ~ 3000 元之间的教师组织支持感最高，最低的则是月收入在 1000 元以下的教师。这表明，经济收入在很大程度上会影响教师的组织支持感，但并不是唯一能提高教师组织支持感的因素。婚姻状况上，张昊智得出未婚教师会感知到更高的学校支持[②]的结论。汤金宝表明组织支持感在中学办学性质上是有显著差异的，公办学校的各项指标要显著高于民办学校[③]。本科及以下学历的中学教师组织支持感显著低于具有研究生学历的中学教师。中层干部的组织支持感要比普通教师高，校级干部的组织支持感最高。是否担任班主任的教师在组织支持感上有差异，非班主任教师组织支持感高于班主任教师。中学教师任教学科对组织支持感差异显著，语文老师的分值最低，而信息老师的分值最高。赵树雕指出，不同单位所在地和不同学校类型教师组织支持感差异显著[④]，城市教师感受到的组织支持要高于农村教师，初中教师感受到的组织支持感程度最高，小学则最低。李凡研究发现，教师职称越高，情感性组织支持感、工具性组织支持感的得分越高，其中职称为初级及以下的教师工具性组织支持感得分最低[⑤]。

组织特征。谢蕾蕾的研究得出结论：中学教师的组织支持感与工作压力、离职倾向存在显著的负相关，即教师的组织支持感越高，工作压力、离职倾向会越低；中学教师的组织支持感与工作满意度存在显著的正相关，即教师的组织支持感越高，工作满意度也越高。张昊智表明组织支持感与职业倦怠呈显著负相关，即教师感受到来自学校越高的支持感，则职业倦怠程度会越低。汤金宝研究得出中学教师组织支持感和工作压力呈显著负相关，组织支持感和工作满意度呈显著正相关的结论。即组织支持感越高工作满意度会越高，而工作压力则越低。李凡表明，学校组织规模在 100 人以上的初中教师比学校组织规模在 100 人以下的

① 谢蕾蕾．中学教师组织支持感的相关因素研究 [D]．曲阜：曲阜师范大学，2008.

② 张昊智．中学教师心理契约、组织支持感与职业倦怠的关系研究 [D]．长春：东北师范大学，2009.

③ 同①

④ 赵树雕．中小学教师组织公民行为与组织支持感的相关研究 [D]．重庆：西南大学，2008.

⑤ 李凡．初中教师组织支持感的影响因素及其与教学创新的关系研究 [D]．伊犁：伊犁师范大学，2019.

初中教师总体组织支持感、情感性组织支持感和工具性组织支持感都低，且都表现了显著性差异。

6.1.4 职业认同、工作投入和组织支持感的相关研究

目前有关于职业认同、工作投入和组织支持感这三者之间的相关研究相当的少，大多数的研究只涉及两个变量，但关于两个变量之间的关系研究也存在着明显的差异。

对于职业认同与工作投入的相关关系研究，金梦研究得出职业认同对工作投入具有显著的预测作用[①]的结论。角色价值观和职业行为倾向可显著预测活力；角色价值观可显著预测奉献；角色价值观和职业归属感可显著预测专注。刘伟和张棉好表明，高职院校青年教师的职业认同对工作投入产生显著的正向影响[②]。其中，职业归属感对工作投入的影响最大，职业价值观对工作投入的影响最小。

对于职业认同与组织支持感的相关关系研究，何双双和汤静研究表明，某公立医院医务人员的组织支持感与职业认同各维度呈显著正相关[③]。张斌发现在以护士为研究对象时，组织支持感对职业认同有显著的预测作用[④]。

对于组织支持感与工作投入的相关关系研究，Sulea、Virga 和 Maricutoiu 通过实证研究后发现，组织支持感对工作投入存在正向影响[⑤]。这是因为组织支持感作为一项重要的工作资源，它能有效缓解工作需求的消极影响，使员工表现出更积极的工作态度。研究发现，组织支持感能通过增加员工的胜任感来增加他们的工作兴趣。Eisenberger 等人的研究表明，

① 金梦．中小学教师职业认同、心理资本与工作投入的关系研究 [D]. 南京：南京师范大学，2015.

② 刘伟，张棉好．中职教师职业认同对工作投入影响的实证研究 [J]. 当代职业教育，2019（04）：68-78.

③ 何双双，汤静．组织支持感对医务人员职业认同度的影响 [J]. 中国医药导报，2015，12（06）：145-149.

④ 张斌，邱致燕，李昂．护士组织支持感与职业认同对组织公民行为的影响 [J]. 南昌大学学报（医学版），2015，55（03）：86-90.

⑤ Coralia Sulea，Delia Virga，Laurentiu P. Maricutoiu，Wilmar Schaufeli，Catalina Zaborila Dumitru，Florin A. Sava. Work engagement as mediator between job characteristics and positive and negative extra-role behaviors[J]. Career Development International，2012，17（3）.

组织支持感与工作投入存在高度的正相关[①]。孙健敏、陆欣欣和孙嘉卿认为，组织支持感与工作投入之间存在显著的“U”形曲线关系[②]。

综上所述，国内外对于高职院校青年教师在职业认同、工作投入和组织支持感这三个变量上两两之间关系的研究较少，但是近几年国家对职业教育的发展比较重视，出台了很多相关政策，所以有必要进行探讨研究。

6.2 研究设计

6.2.1 研究目的

本研究通过对高职院校青年教师的工作投入进行研究，探讨职业认同和组织支持感对高职院校青年教师工作投入的影响。从社会、组织和个体三方面提出可以提高教师工作投入的方法，以此提升高职院校青年教师的工作兴趣和满意度，提高工作绩效。

6.2.2 研究假设

（1）职业认同、工作投入、组织支持感在不同的人口学变量上存在显著性差异。

（2）职业认同、工作投入、组织支持感两两相关性显著。

（3）职业认同、组织支持感均能对工作投入做出可靠性预测。

（4）组织支持感作为中介变量在职业认同与工作投入之间的中介作用显著。

6.2.3 研究方法

6.2.3.1 研究对象

本研究采用整群抽样的方法，选取江苏省的高职院校青年教师为被试

① Eisenberger R，Cummings J，Armeli S，Lynch P. Perceived organizational support，discretionary treatment，and job satisfaction.[J]. The Journal of applied psychology，1997，82（5）.

② 孙健敏，陆欣欣，孙嘉卿．组织支持感与工作投入的曲线关系及其边界条件［J］．管理科学，2015，28（02）：93-102.

群体，通过网络调查的形式，使用问卷星进行有组织的调查。回收问卷250份。剔除无效问卷后，得到有效问卷233份，有效回收率93.2%。样本分布见表6–1。

表6–1 样本分布情况

人口学变量	维度	样本数	百分数（%）
性别	男	72	30.90
	女	161	69.10
年龄	30及以下	66	28.33
	31 ~ 35	85	36.48
	36 ~ 40	82	35.19
婚姻状况	已婚	213	91.42
	其他	20	8.58
最高学历	硕士及以上	81	34.76
	本科	152	65.24
职称	助理讲师	29	12.45
	讲师	115	49.36
	高级讲师及以上	79	33.91
	其他	10	4.29
编制	有	215	92.27
	无	18	7.73
教龄	10年及以内	63	27.04
	11 ~ 15年	63	27.04
	16 ~ 20年	53	22.75
	21年及以上	54	23.18
月收入	5000以下（含5000）	49	21.03
	5000 ~ 6000（含6000）	77	33.05
	6000 ~ 7000（含7000）	35	15.02
	7000以上	72	30.90

6.2.3.2 研究工具

1. 职业认同量表

使用魏淑华、宋广文和张大均修订的量表。该量表有四个维度（角色价值观、职业行为倾向、职业价值观和职业归属感），包含18个条目。量表采用Likert五点计分，“1”表示“完全不符合”，“2”表示“基本不符合”，“3”表示“有点不符合”，“4”表示“有点符合”，“5”表示“完全符合”。依次记为1 ~ 5分，分数越高，则表明教师的职业认同度越高。

运用SPSS17.0对该量表进行信效度检验，结果表明，四个维度的Cronbach´sα系数分别为0.930（角色价值观）、0.951（职业行为倾向）、0.959

（职业价值观）和0.886（职业归属感），总量表的Cronbach´s alpha系数为0.956，此量表KMO值为0.942，说明该量表具有良好的信效度，可信度高。

2. 工作投入量表

使用Schaufeli，Salanova和Gonzalez-Roma（2002）编制的工作投入量表（Utrecht Work Engagement Scale）[①]。该量表包括“活力”“奉献”“专注”三个维度。量表采用Likert五点计分，“1”表示“完全不符合”，“2”表示“基本不符合”，“3”表示“有点不符合”，“4”表示“有点符合”，“5”表示“完全符合”。依次记为1～5分，分数越高，表示教师的工作投入程度越高。

运用SPSS17.0对该量表进行信效度检测，结果表明，三个维度的Cronbach´s alpha系数分别为0.920（活力）、0.928（奉献）和0.909（专注），总量表的Cronbach´s alpha系数为0.965，此量表KMO值为0.953，表明该量表信效度很好，可信度高。

3. 组织支持感量表

使用Eisenberger（1998）编制的组织支持感量表[②]。该量表是单维度量表，由八个项目组成（包含四道反向题）。量表采用Likert五点计分，“1”表示“完全不符合”，“2”表示“基本不符合”，“3”表示“有点不符合”，“4”表示“有点符合”，“5”表示“完全符合”，依次记为1～5分。得分若超过平均分3分，说明教师能较高程度地感受到来自学校的支持。

运用SPSS17.0对该量表进行信度检测，结果表明，该量表Cronbach´s alpha＝0.865＞0.8，KMO值为0.844，表明此量表信效度高，测量数据可靠性较高。

6.2.3.3 数据统计与处理

使用SPSS17.0统计软件包对研究结果进行分析。

---

① Wilmar B. Schaufeli，Marisa Salanova，Vicente González-romá，Arnold B. Bakker. The Measurement of Engagement and Burnout：A Two Sample Confirmatory Factor Analytic Approach[J]. Journal of Happiness Studies，2002，3（1）.

② Eisenberger，Robert，Huntington，Robin，Hutchison，Steven，Sowa，Debora. Perceived organizational support[J]. Journal of Applied Psychology，1986，71（3）.

6.3 研究结果

6.3.1 高职院校青年教师职业认同、工作投入和组织支持感的总体情况

对高职院校青年教师职业认同、工作投入和组织支持感总均分及各个维度均分进行描述性统计分析，结果见表 6-2。

表 6-2 高职院校青年教师职业认同、工作投入和组织支持感及各个维度的描述性统计

	维度	*M*	*SD*
职业认同	角色价值观	4.24	0.80
	职业行为倾向	4.71	0.64
	职业价值观	4.73	0.62
	职业归属感	4.39	0.75
	均分	4.51	0.60
工作投入	活力	4.07	0.73
	奉献	4.19	0.74
	专注	3.97	0.72
	均分	4.07	0.68
组织支持感	组织支持	3.22	0.75

如表 6-2 所示。结果表明，高职院校青年教师的职业认同情况处于中等偏上水平，在四个维度中，职业价值观的认同程度最高（*M*=4.73）；其次是职业行为倾向（*M*=4.71），这说明高职院校青年教师的想法和行动能够保持一致的程度较高；职业归属感（*M*=4.39）和角色价值观（*M*=4.24）得分较低，说明高职院校青年教师与自身职业融为一体的感觉和以高职院校青年教师自称的意愿程度还不太高。

高职院校青年教师的工作投入平均分为 4.07，处于较高的水平，说明高职院校青年教师的总体工作投入程度高。各个维度中，奉献投入（*M*=4.19）得分高于活力投入（*M*=4.07），高于专注投入（*M*=3.97）。

高职院校青年教师的组织支持感平均得分为 3.22，处于中等偏上水平，说明高职院校青年教师能够感受到来自学校较高程度的支持。

6.3.2 高职院校青年教师职业认同、工作投入和组织支持感在人口学变量上的差异

6.3.2.1 高职院校青年教师的职业认同差异

对高职院校青年教师职业认同在性别上的差异进行独立样本 t 检验，结果见表 6–3。

表 6–3 高职院校青年教师职业认同在性别上的差异

	男	女	t
职业认同	4.37 ± 0.80	4.57 ± 0.47	−2.43*
角色价值观	4.02 ± 1.01	4.34 ± 0.66	−2.89**
职业行为倾向	4.57 ± 0.87	4.78 ± 0.49	−2.30*
职业价值观	4.61 ± 0.81	4.78 ± 0.51	−1.96
职业归属感	4.38 ± 0.85	4.40 ± 0.71	−0.14

表 6–3 表明：高职院校青年教师的职业认同在性别上有显著差异。女性高职院校青年教师的职业认同在角色价值观和职业行为倾向两个维度上要显著高于男性，在职业价值观上呈边缘显著（p=0.05）。

对高职院校青年教师职业认同在年龄上的差异进行方差分析，结果见表 6–4。

表 6–4 高职院校青年教师职业认同在年龄上的差异

	30 及以下	31 ~ 35	36 ~ 40	F
职业行为倾向	4.53 ± 0.75	4.79 ± 0.51	4.79 ± 0.63	3.81*
角色价值观	4.16 ± 0.88	4.28 ± 0.72	4.28 ± 0.81	0.53
职业价值观	4.60 ± 0.71	4.76 ± 0.49	4.80 ± 0.66	1.94
职业归属感	4.28 ± 0.85	4.44 ± 0.60	4.43 ± 0.80	1.15

方差分析结果表明：高职院校青年教师的职业行为倾向在年龄方面有显著差异。35 岁及以下的高职院校青年教师在工作过程中想法和行动保持一致的程度要低于 35 岁以上的教师。

对高职院校青年教师职业认同在最高学历上的差异进行独立样本 t 检验，结果见表 6–5。

表 6–5 高职院校青年教师职业认同在最高学历上的差异

	硕士及以上	本科	t
职业价值观	4.58 ± 0.80	4.80 ± 0.49	−2.60*
角色价值观	4.10 ± 0.93	4.32 ± 0.71	−1.85
职业行为倾向	4.54 ± 0.85	4.81 ± 0.46	−3.19**
职业归属感	4.26 ± 0.91	4.46 ± 0.64	−2.03*

表 6–5 表明：高职院校青年教师的职业认同在不同的学历上存在显著差异。学历为本科的高职院校青年教师在职业价值观、职业行为倾向和职业归属感这三个维度上的得分均高于硕士及以上学历教师。高职院校青年教师的角色价值观在学历上呈边缘显著（p=0.05）。

6.3.2.2 高职院校青年教师的工作投入差异

对高职院校青年教师工作投入在最高学历上的差异进行独立样本 t 检验，结果见表 6–6。

表 6–6 高职院校青年教师工作投入在最高学历上的差异

	硕士及以上	本科	t
活力	3.90 ± 0.87	4.15 ± 0.63	−2.50*
奉献	4.01 ± 0.89	4.29 ± 0.62	−2.76**
专注	3.85 ± 0.86	4.04 ± 0.63	−1.96

表 6–6 表明：高职院校青年教师的活力投入和奉献投入在不同的学历上有显著差异。学历为本科的高职院校青年教师活力投入和奉献投入度最高；学历在硕士及以下的高职院校青年教师活力投入的程度较低。高职院校青年教师的工作投入在专注维度上呈边缘性显著（p=0.05）。

对高职院校青年教师工作投入在职称差异上的进行方差分析，结果见表 6–7。

表 6–7 高职院校青年教师工作投入在职称上的差异

	助理讲师	讲师	高级讲师及以上	其他	F
活力	4.13 ± 0.60	3.94 ± 0.76	4.17 ± 0.73	4.55 ± 0.41	3.26*
奉献	4.25 ± 0.62	4.08 ± 0.77	4.28 ± 0.73	4.60 ± 0.45	2.36
专注	3.90 ± 0.60	3.92 ± 0.77	3.99 ± 0.70	4.48 ± 0.43	1.95

表 6–7 表明：高职院校青年教师的活力投入在不同的职称上有显著差异。职称在高级讲师及以上的高职院校青年教师活力投入得分最高；职称为讲师的高职院校青年教师得分最低。

6.3.2.3 高职院校青年教师的组织支持感差异

对高职院校青年教师组织支持感在婚姻状况上的差异进行独立样本 t 检验，结果见表 6–8。

表 6–8 高职院校青年教师组织支持感在婚姻状况上的差异

	已婚	其他	t
组织支持	3.19 ± 0.74	3.54 ± 0.74	−2.04*

表 6–8 表明：已婚的高职院校青年教师感受到的来自学校的支持要显著低于其他的高职院校青年教师。

对高职院校青年教师组织支持感在编制上的差异进行独立样本t检验，结果见表6–9。

表 6-9 高职院校青年教师组织支持感在编制上的差异

	有编制	无编制	*t*
组织支持	3.25 ± 0.72	2.88 ± 1.02	2.05*

表6–9表明：有编制的高职院校青年教师感受到的来自学校的支持要好于没有编制的高职院校青年教师。

6.3.3 高职院校青年教师职业认同、工作投入和组织支持感的相关情况

6.3.3.1 高职院校青年教师职业认同与工作投入和组织支持感总分之间的相关

对高职院校青年教师职业认同、工作投入与组织支持感的总分进行相关分析，得到三者之间两两相关显著，结果见表6–10。

表 6-10 高职院校青年教师职业认同与工作投入和组织支持感总分之间的相关

	职业认同	工作投入	组织支持感
职业认同	1		
工作投入	0.729**	1	
组织支持感	0.310**	0.369**	1

表6–10表明：高职院校青年教师职业认同与工作投入呈显著正相关，相关系数达到0.729，说明高职院校青年教师职业认同程度越高，就能更好地投入到工作中去；高职院校青年教师职业认同与组织支持感的相关系数为0.310，呈显著正相关，即高职院校青年教师对职业的认同程度越高，感受到来自学校的支持也越高；工作投入与组织支持感呈显著正相关，相关系数为0.369，说明当高职院校青年教师体验到较高程度的学校支持时，其对工作的投入程度也会更高。

6.3.3.2 高职院校青年教师职业认同与工作投入和组织支持感各个维度之间的相关

进一步分析职业认同与工作投入和组织支持感各个维度之间的相关情况，结果见表6–11。

表 6-11 高职院校青年教师职业认同与工作投入和组织支持感各个维度之间的相关

	角色价值观	职业行为倾向	职业价值观	职业归属感	组织支持感
活力	0.591★★	0.613★★	0.537★★	0.508★★	0.329★★
奉献	0.705★★	0.638★★	0.603★★	0.558★★	0.381★★
专注	0.558★★	0.555★★	0.503★★	0.538★★	0.332★★
组织支持感	0.371★★	0.172★★	0.188★★	0.252★★	1.000

表 6-11 具体说明了高职院校青年教师职业认同各个维度、工作投入各个维度与组织支持感之间均呈显著正相关，职业认同的四个维度与工作投入中的奉献投入维度相关程度均最高，说明职业认同与奉献投入的关系更密切；职业认同中的角色价值观维度与组织支持感的相关程度最高；组织支持感与工作投入中的奉献维度相关程度最高。

6.3.4 高职院校青年教师职业认同、工作投入和组织支持感的回归分析

6.3.4.1 高职院校青年教师职业认同对工作投入的回归

以高职院校青年教师的工作投入为因变量，职业认同的四个维度为预测变量，做逐步进入多元回归分析，结果见表 6-12。

表 6-12 职业认同对工作投入的回归分析

预测变量	R^2	调整 R^2	F	B	β	t
职业认同	0.532	0.530	262.167★★★	0.831	0.729	16.192★★★
角色价值观	0.427	0.425	172.371★★★	0.347	0.403	7.041★★★
职业归属感	0.517	0.513	123.044★★★	0.197	0.216	3.516★★
职业行为倾向	0.541	0.535	90.088★★★	0.261	0.242	3.492★★
常量				0.503		2.158★

从表 6-12 的多元回归分析中可以看出，角色价值观首先进入回归方程，且能够解释高职院校青年教师工作投入变异量的 42.5%，接着职业归属感进入回归方程，且能够解释高职院校青年教师工作投入变异量的 51.3%，最后职业行为倾向进入回归方程，且能够解释高职院校青年教师工作投入变异量的 53.5%。

高职院校青年教师的职业价值观、职业归属感、职业行为倾向与高职院校青年教师的工作投入存在显著的多重线性关系。三个预测变量解释了整个因变量（工作投入）变异程度的 53.5%（校正的 R^2=0.535）。建立回归方程为：y=0.347× 角色价值观 +0.197× 职业归属感 +0.261× 职业行为倾向 +0.503。这表明，高职院校青年教师的角色价值观、职业归属感、职业行为倾向都对高职院校青年教师的工作投入程度有直接影响。

6.3.4.2 高职院校青年教师职业认同对组织支持感的回归

以高职院校青年教师组织支持感为因变量，职业认同的四个维度为预测变量做逐步进入多元回归分析，结果见表 6–13。

表 6–13 职业认同对组织支持感的回归分析

预测变量	R^2	调整 R^2	F	B	β	t
职业认同	0.096	0.092	24.616***	0.387	0.310	4.961***
角色价值观	0.138	0.134	36.905***	0.349	0.371	6.075***
常量				1.739		7.010***

由表 6–13 的多元回归分析中可以看出，只有角色价值观进入回归方程，说明高职院校青年教师职业认同的角色价值观是工作投入的实际预测因子。

高职院校青年教师的角色价值观与高职院校青年教师的组织支持感存在显著的多重线性关系。预测变量解释了整个因变量（组织支持感）变异程度的 13.4%（校正的 R^2=0.134）。建立回归方程为：y=0.349× 角色价值观 +1.739。这表明，高职院校青年教师的角色价值观对高职院校青年教师感受到的组织支持感有直接影响。

6.3.4.3 职教师组织支持感对工作投入的回归

以高职院校青年教师工作投入为因变量，以组织支持感为预测变量做逐步进入多元回归分析，结果见表 6–14。

表 6–14 组织支持感对工作投入的回归分析

预测变量	R^2	调整 R^2	F	B	β	t
组织公正	0.136	0.132	36.323***	0.337	0.369	6.027***
常量				2.984		16.131***

从表 6–14 的多元回归分析中可以看出，组织支持进入回归方程，说明高职院校青年教师组织支持感是工作投入的实际预测因子。

高职院校青年教师的组织支持与高职院校青年教师的工作投入存在显著的多重线性关系。预测变量解释了整个因变量（工作投入）变异程度的 13.2%（校正的 R^2=0.132）。建立回归方程为：y=0.337× 组织公正 +2.984。这表明高职院校青年教师感受到的组织公正对高职院校青年教师的工作投入程度有直接影响。

6.3.4.4 组织支持感中介作用检验

首先，检验自变量对因变量的作用。将职业认同作为自变量，工作投入作为因变量进行回归分析，得出自变量职业认同对因变量工作投入的标准化回归系数为 0.831（p<0.001），具有显著的回归效应。

其次，检验自变量对中介变量的作用。将职业认同作为自变量，组织支持感作为因变量进行回归分析（见表 3-12），得出自变量职业认同对因变量组织支持感的标准化回归系数为 0.387（p<0.001），具有显著的回归效应。

最后，检验中介变量和因变量之间的关系。让自变量职业认同和中介变量组织支持感同时进入回归方程，中介变量组织支持感对因变量工作投入的回归系数为 0.144（p<0.001），说明回归显著，见表 6-15。

表 6-15 职业认同、组织支持感对工作投入的回归分析

目标变量	预测变量	调整 R^2	B	t
工作投入	职业认同	0.550	0.776	14.685***
	组织支持感		0.144	3.401***
常量			0.111	0.467

由表 6-15 可知，自变量职业认同的回归效应仍然是显著的（p<0.001），只是显著性从 0.831 下降到了 0.776。因此，可以判断组织支持感在职业认同与工作投入之间起着部分中介的作用，路径分析图见图 6-1。

由表 6-15 可得回归方程：工作投入 =0.776× 职业认同 +0.144× 组织支持感 +0.111。

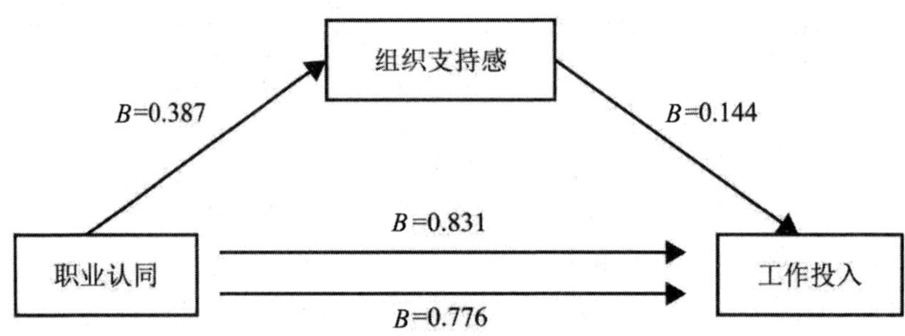

图 6-1 组织支持感在职业认同和工作投入间的中介效应路径图

6.4 分析与讨论

6.4.1 高职院校青年教师职业认同、工作投入和组织支持感的总体分析

6.4.1.1 高职院校青年教师职业认同总体分析

研究结果表明，高职院校青年教师职业认同整体情况得分较高，这与金梦（2015）的研究结果一致。从维度上来看，职业价值观认同程度最高，说明高职院校青年教师能感受到更多对其职业意义的积极评价；职业行为倾向的得分也很高，这说明高职院校青年教师的想法和行动能够保持一致的程度较高。这是因为2019年国家颁布实施《国家职业教育改革实施方案》，将职业教育与普通教育提高到同等重要地位，并发布了一些举措来推进职业教育的发展，所以职教师资的社会地位得到了提升，高职院校青年教师能感受到更多对其职业意义的积极评价，使得教师对自身职业的认同度提高，所以，高职院校青年教师愿意投入到工作中来，努力工作。角色价值观得分最低，说明目前教师以高职院校青年教师自称的意愿程度还不太高。这可能是因为互联网发展迅速，近几年一些负面的教师事件成为热门话题，社会对教师群体产生了很多不好的评价，使得教师对职业的认同度下降，不愿意自称为教师。

6.4.1.2 高职院校青年教师工作投入总体分析

研究结果表明，高职院校青年教师工作投入整体情况得分较高，这与金梦（2015）的研究结果相吻合。各个维度中，奉献投入得分最高，说明高职院校青年教师对自身有强烈的自豪感，能够以饱满状态全身心地投入到工作中去。这是因为普遍意义上大家觉得教师是一个神圣的职业，是要在传道授业的同时，以自己的道德行为潜移默化地引导学生的成长。而且高职院校青年教师面对的正好是处于青春期的学生们，这个时候他们的自我意识明显增强，容易产生逆反心理、情绪不稳定、易冲动，需要教师更多地关注学生，所以理应尽职尽责地工作，对工作全神贯注。另外，这也和高职院校青年教师的职业特征相关，因为高职学生在初中时相对来说学业成绩会差一点儿，为了能够让学生们快速融入新环境学习专业课知识和职业技能，高职院校青年教师

要投入更大的心力去指导和管理学生，工作量比较大，精力可能没有只做单一工作时充足，所以，高职院校青年教师的活力投入和专注投入相对奉献投入则较低。

6.4.1.3 高职院校青年教师组织支持感总体分析

高职院校青年教师的组织支持感平均得分为3.22，这说明高职院校青年教师普遍感受到来自学校较高程度的支持，这与张昊智的研究结果一致[①]。这是因为国家对职业教育的重视，有很多政策向职业教育倾斜，学校也能对教师提供更多的支持，比如，提高薪资待遇、提供生活关怀等，教师感受到来自学校的情感支持，自然就会更加投入到工作中。

6.4.2 高职院校青年教师职业认同、工作投入和组织支持感在人口学变量上的差异分析

6.4.2.1 职业认同在人口学变量上的差异分析

研究得出高职院校青年教师的职业认同在性别上有显著差异。女性高职院校青年教师职业认同在角色价值观和职业行为倾向上显著高于男性，职业价值观上呈边缘显著。这与金梦得出的研究结果一致[②]。这可能是因为社会的一个刻板印象，人们觉得教师这个职业相较于男性来说更适合女性，且研究对象中也是女性居多。另外，教师的工作比较轻松、稳定，女性会更容易接受这种工作性质，这也受长此以往的一种男主外、女主内的想法所影响。所以女性教师的职业认同度要高于男性。

高职院校青年教师的职业行为倾向在年龄方面有显著差异。35岁及以下的高职院校青年教师在工作过程中想法和行动保持一致的程度要低于35岁以上的教师。这是因为年龄较大的教师在工作岗位上的时间比较久，对工作很熟悉，所以工作状态是比年轻教师好的。相反，年轻教师需要学习和面临的事情很多，所以在职业行为倾向度上会低

① 张昊智．中学教师心理契约、组织支持感与职业倦怠的关系研究[D]．东北师范大学，2009.

② 金梦．中小学教师职业认同、心理资本与工作投入的关系研究[D]．南京师范大学，2015.

于其他教师。

高职院校青年教师的职业价值观、职业行为倾向和职业归属感在不同的学历上有显著差异。学历为硕士及以上的高职院校青年教师在这三个维度上的得分低于本科教师。这是因为高学历的教师可能对个人职业发展有着更高的追求，希望得到更高的待遇，而高职院校不能满足高学历教师对工作的期待和要求，所以在不能满足自己心理预期的情况下，职业认同感自然要低于其他教师。

6.4.2.2 工作投入在人口学变量上的差异分析

研究结果表明，高职院校青年教师的活力投入和奉献投入在不同的学历上有显著差异。学历为本科的高职院校青年教师活力投入和奉献投入得分均最高；学历在硕士及以下的高职院校青年教师活力投入的程度较低。这与以往的研究不太相符，可能是因为参与本研究的高职院校青年教师学历在硕士及以上的人数较少，代表性不强。

高职院校青年教师的活力投入在不同的职称上有显著差异。职称在高级讲师及以上的高职院校青年教师活力投入得分最高，职称为讲师的高职院校青年教师得分最低，这和金梦的研究结果一致。这可能是因为有高级职称的教师年龄比较大，这个时候家庭工作生活都稳定了，所以他们有更多的时间投入到工作中来，在工作的时候会更加积极。

6.4.2.3 组织支持感在人口学变量上的差异分析

研究结果表明，婚姻状况和有无编制在组织支持感上存在显著差异。已婚的高职院校青年教师感受到的来自学校的支持要低于其他高职院校青年教师，这与张昊智[①]的研究结果相一致。这可能是因为未婚教师年龄较小，或刚毕业，学校对其有优待政策；而已婚教师要兼顾家庭和工作，难免分心，可能会忽视掉学校的支持，所以未婚教师能够体验到更高的学校支持。在编制方面，有编制的高职院校青年教师感受到的来自学校的支持要高于没有编制的高职院校青年教师。这是因为在编教师的工作更有保障，且福利待遇相对来说要高于非在编教师，所以更能感受到较

① 张昊智．中学教师心理契约、组织支持感与职业倦怠的关系研究 [D]. 东北师范大学，2009.

高的支持感。

6.4.3 职业认同、工作投入和组织支持感的相关分析

6.4.3.1 职业认同与工作投入关系的分析

从总均分来看，职业认同与工作投入呈显著正相关；从各维度看，职业认同各维度与工作投入各维度均存在显著的正相关关系。其中，职业认同各维度与奉献投入的相关性最高，表明教师职业认同度越高，工作的热情也越高，教师会有强烈的自豪感，因为他们把自己当作教师群体的一分子，且引以为傲。那么，他们在工作中将会全神贯注，充满精力，并以此为乐。

6.4.3.2 职业认同与组织支持感关系的分析

从总均分来看，职业认同与组织支持感呈显著正相关；从各维度看，职业认同各维度与组织支持感均存在显著的正相关关系。其中，角色价值观与组织支持感的相关性最高，表明当感受到越高的学校支持时，教师对职业的认同度也越高。

6.4.3.3 组织支持感与工作投入关系的分析

从总均分来看，组织支持感与工作投入呈显著正相关；从各维度看，组织支持感与工作投入各维度均存在显著的正相关关系，这与以往的研究结果相一致。其中，组织支持感与活力投入的相关性最高，表明教师感受到更高的学校支持感，对工作的投入程度也越高。学校可以通过物质或精神支持，比如提高薪资待遇或为教师准备各种节日祝福，让教师感受到学校对自己的关心，这样满足了教师的心理情感需求，会降低教师的工作压力，从而投入工作，提高工作绩效。

6.4.4 职业认同、工作投入和组织支持感的回归分析

6.4.4.1 职业认同和组织支持感的回归分析

职业认同中的角色价值观能显著预测组织支持感。说明当学校提供了足够的物质或精神方面的支持时，教师感受到了学校的关注，认为学校认同自己的工作，将会更好地认同教师的这一角色。

6.4.4.2 职业认同、组织支持感和工作投入的回归分析

职业认同中的职业价值观、职业归属感和职业行为倾向与组织支持感可以显著预测工作投入。说明当高职院校青年教师认同自己的工作，将个人利益与学校利益相联系，工作时想法和行为保持一致，且学校也能关注并支持教师的工作，那么教师会更专注地投入到工作中。

6.4.5 组织支持感在职业认同与工作投入之间的中介效应分析

中介效应检验结果表明，如果高职院校青年教师对自身职业的认同程度越高，那么高职院校青年教师就能更专心地投入到工作中去。而且，学校能为高职院校青年教师提供充足的工作支持，且重视教师们的利益关怀和学校文化、价值观的认同，那么高职院校青年教师就会感知到自己是与学校组织密不可分、志同道合的，从而激发他们的工作责任心，专心投入到工作中。与此同时，高职业认同度能感知到更高的学校支持，继而增加教师们认真工作的信心，利益关怀能促进其工作的热情，价值认同能使教师将自身的利益与学校的利益挂钩，会使教师愿意奉献自己的力量。此外，高职业认同度又会对教师的工作态度产生积极影响，促使其工作效率提高，增加工作绩效。反之，如果学校没有提供足够的支持，高职院校青年教师对职业认同度不高的话，就会产生无价值感，认为自己在学校这个组织中可有可无，其工作态度、投入状况就会产生消极的变化。

6.5　研究结论与建议

6.5.1 研究结论

主要研究结论如下；

（1）总体来说，高职院校青年教师的职业认同和工作投入度处于中等偏上水平，也能较高程度地感受到来自学校的支持。

（2）职业认同、工作投入和组织支持感存在显著的人口学差异。职业认同在性别、年龄和最高学历上存在显著性差异；工作投入在最高学历和职称上存在显著性差异；组织支持感在婚姻状况和编制上存在显著性差异。

（3）职业认同、工作投入和组织支持感两两之间呈显著正相关。

（4）职业认同中的角色价值观能显著预测组织支持感。

（5）职业认同中的职业价值观、职业归属感和职业行为倾向与组织支持感可以显著预测工作投入。

（6）组织支持感在职业认同与工作投入之间起部分中介作用。

6.5.2 建议

本研究根据以上研究结论获得启示：要提高高职院校青年教师的工作投入度，可以从加强高职院校青年教师的职业认同程度和学校在物质或精神方面提供足够的支持入手。当个体认同自己的职业，并且感受到学校对其工作的关注和肯定，才会更加专注工作、全身心投入。下面就改善高职院校青年教师队伍管理，提高其工作绩效提出几点具体的建议：

社会层面。完善职业教育改革实施方案，设立全面系统的教师准入考核体系，在教师上岗前，要经过严格的培训考核，并且延长试用期。要完善教师准入制度，提升职业院校教师的职业素养。当教师队伍职业素质水平提高，教学工作的开展会相对容易一些，教师对自身工作的认同度也会提高。

学校层面。学校要重视认同教师的工作，尤其是年轻教师，刚开始工作，经验不足，容易受到家长、学生的不信任，所以要积极肯定他们的工作，及时鼓励教师的进步。另外，学校要给教师空间，不能过分约束，并且随意地干涉教师的教学，尽可能地让教师形成自己的教学风格，充分地展示自己，还可以定期为教师安排一些学习进修活动，可以不断地提升自己。生活上，给予老师们关心爱护，要主动贴近教师的生活，了解一些困难困惑，为教师着想，并做出实际行动帮助教师，如适当提高福利待遇等。当生活得到满足，教师的工作热情就会高涨，进而积极地投入到工作中去，从而提高工作绩效。

个人层面。高职院校青年教师要认识到，自己是教师的一员，这是一份光荣的职业，承担的是教书育人的工作，在教学活动中扮演着不同的角色，有时候是“陪伴者”，和学生们一起成长，做他们学习生活中的引路人；有时是“奉献者”，成为辛勤的园丁，栽花育苗，只为他茁壮成长；有时又是“收获者”，最好的果实就是学生的成长进步。只有对自身角色了解清楚且认同，才能在培养学生的过程中更好地实现人生的价值，进而专注于工作，在工作方面的投入度也会提升。

虽然本研究是研究者以严谨认真负责的态度进行撰写的，但由于自身精力水平有限，研究中还有一些不足需要完善。

首先，样本数据缺乏代表性，因为本研究仅选取了江苏省内的一些高职学校，所以研究结果会受到地域等文化因素的影响。

其次，今年情况特殊，很难实际发放纸质问卷调研，数据收集主要在网上进行。而且，问卷结果也会受到被试者的身体和心理状态的影响。

最后，在研究过程中，不能完全考虑到全方位的因素，需要注意问题的全面性。

6.6 本章小结

本研究以高职院校青年教师为调查对象来研究职业认同对工作投入的影响，并引入了组织支持感作为中介变量，试图从社会、学校组织和个体三个层面为改善高职院校青年教师队伍管理，提高高职院校青年教师工作绩效提供理论依据。

研究选取江苏省内 233 名高职院校青年教师为被试者，探讨了高职院校青年教师职业认同、工作投入、组织支持感三者之间的关系。研究结果如下：①高职院校青年教师的职业认同、工作投入和组织支持感在性别、年龄、最高学历、职称、婚姻状况和编制上均存在显著差异；②高职院校青年教师的职业认同、工作投入和组织支持感三者相关性显著；③高职院校青年教师的职业认同和组织支持感能对工作投入做出可靠性预测；④高职院校青年教师的组织支持感作为中介变量在职业认同与工作投入之间起部分中介作用。

7　高职院校青年教师心理契约、组织支持感与职业倦怠的关系

随着社会主义市场经济的发展，社会越来越重视教育的发展。2006年，教育部曾下发《关于全面提高高等职业教育教学质量的若干意见》，国务院2014年下发的《关于加快发展现代职业教育的决定》（以下简称《决定》）成为当前高职教育改革的纲领。《决定》明确了今后一个时期加快发展现代职业教育的指导思想、基本原则、目标任务和政策措施，提出“到2020年，形成适应发展需求、产教深度融合、中职高职衔接、职业教育与普通教育相互沟通，体现终身教育理念，具有中国特色、世界水平的现代职业教育体系”。随着职业教育的发展，高职院校青年教师承受着来自各方面的压力，各种压力的堆积导致生理、心理问题的滋生，引发了职业倦怠。

教师职业倦怠是指教师不能顺利应对工作压力时的一种极端反应，是教师伴随于长时期压力体验下而产生的情感、态度和行为的衰竭状态。教师是职业倦怠的高发人群，在与工作相关的持续压力体验下，容易产生情绪、态度和行为的耗竭。大多数学者认为，教师的职业倦怠主要应由教师自己调节缓解，较少从学校管理与组织层面进行分析。而已有研究表明，当教师感知到学校很好地履行了心理契约并遵守自己对学校的心理契约时，会产生较高的组织支持感，从而有效缓解教师的职业倦怠现象。因此，本研究试图从组织行为学的角度探讨高职院校青年教师的职业倦怠。

本研究旨在查明高职院校青年教师职业倦怠的现状，并探讨心理契约、组织支持感与职业倦怠的关系，分析影响高职院校青年教师职业倦怠的因素以及组织支持感在心理契约与职业倦怠中的作用机理。这将有助于充实和丰富组织与工业心理学和职业心理学的资料，也有助于国家和高职院校

管理者采取相应措施，更好地对高职院校青年教师的工作给以信任、肯定和认可，降低高职院校青年教师的职业倦怠程度，促进高职院校青年教师与高职院校学生之间的友好相处，进而提高教育服务质量，最终促进我国教育事业健康发展。

7.1 文献综述

7.1.1 心理契约的研究概述

7.1.1.1 心理契约的概念界定

组织心理学家阿吉里斯（Argrris）（1960）在其《理解组织行为》一书中提出用“心理契约”来描述下级与上级之间的关系，自此，心理契约被正式提出。

心理契约的概念发展经历了两个阶段，引入阶段（20 世纪 60 年代末）与发展阶段（20 世纪 80 年代末至今）。

在概念引入阶段，阿吉里斯（1960）首先提出心理契约这个名词，但并没有对其给出明确的定义。“心理契约之父”莱文森（Levinson）（1962）认为心理契约是员工与组织之间未公开说明的、默认的相互期望的总和。他把心理契约看作“没有成形的契约”，例如，大多数人对于工资的期望较为清晰，但对于晋升的期望则较为模糊。沙因（Schein）（1965）也将心理契约看作一种员工与组织之间的非文字性的期望，他将心理契约分成个体心理契约与组织心理契约两个层次。科特（Kotter）（1973）提出心理契约是员工和组织之间一方的努力与能从另一方收获的成果的内在约定，属于一种内隐契约。在此阶段，心理契约的概念主要还是指员工与组织之间的一种隐含的、不成文的期望或约定。

在发展阶段，国内外学者对于心理契约的概念研究存在着广义和狭义两种理论，同时也产生了学派之间的争论。一派是以美国学者克拉茨（Kraatz）、卢梭（Rousseau）和罗宾逊（Robinson）等人为代表，强调心理契约是以员工个体为主体，是其对双方交互关系中彼此义务的主观理解；另一派是以英国学者格斯特（Guest）、彭伯顿（Pemberton）和赫里奥特（Herriot）等为代表，强调遵循在心理契约提出时的原意，并认为这是员工与组织双方对交换关系中彼此义务的主观理解。卢梭

（1990）认为，心理契约是一种信念，认为员工才是心理契约的主体，人员员工有责任、义务的意识和受组织影响的主观观念。陈加洲（2001）强调“主观的约定”和“内隐的相互责任”。他认为组织与员工对相互义务责任的观念和意识的组合就是心理契约。[①] 李原（2006）认为心理契约可以代表一种期望，也可以代表一种承诺，可能是直接的，也可能是隐含的。[②]

目前，心理契约并没有统一的、权威的定义。因此，本研究采用卢梭的观点，将教师的心理契约界定为从教师个人角度出发，认为学校与教师个体对于彼此相互间的责任的感知。

7.1.1.2 心理契约的测量工具

由于心理契约的结构维度不一，从测量工具上看，心理契约存在二因素论、三因素论和多因素论，目前尚无统一适用的量表。多数研究者采用自编问卷，如米尔沃德（Millward）和霍普金斯（Hopkins）（1998）的《心理契约调查问卷》、卢梭（2001）的《心理契约问卷》、李原（2002）的《新员工心理契约调查问卷》、陈加州等人（2003）的《我国员工心理契约调查问卷》。教师的心理契约问题近几年来受到越来越多学者的关注，但多数采用自编问卷，且主要面向中小学教师。如胡晓霞与杨继平（2006）编制的《教师心理契约中的学校责任问卷》，王成杰（2007）编制的《高中教师心理契约的结构和影响因素研究》，以及吴萌（2008）的《中学教师心理契约结构及相关因素研究》，但其中心理契约的内容、维度结构及项目数不尽相同。何先友、董学安（2007）编制了《高校教师心理契约问卷》，将心理契约分为两个方面：学校责任和教师责任。而学校责任包括四个维度：学校交易、学校发展、学校关系和学校关怀。教师责任包括三个维度：教师交易、教师发展和教师关系。其中，学校交易指高校教师对于薪酬、福利上的心理期待；学校发展指学校能为教师自身发展提供的有利条件；学校关系指学校和教师双方人际关系的体现；学校关怀指教师能感受到来自学校关心与支持。教师交易指高校教

① 陈加洲，凌文辁，方俐洛．组织中的心理契约 [J]. 管理科学学报，2001（02）：74-78.

② 李原．企业员工的心理契约的概念、理论及实证研究 [M]. 上海：复旦大学出版社，2006：15-18.

师对学校的牺牲和奉献意识；教师发展指教师为学校发展不断提高自身水平；教师关系指教师在与学校保持和谐关系的同时为学校做的额外工作，即额外贡献。

7.1.1.3 教师心理契约的相关研究

从理论上来说，在心理契约形成过程中，如果产生一些难以解决的或员工不能接受的问题，就容易导致不匹配，不匹配程度的加深导致职业倦怠。何先友、董学安（2007）研究了高校教师心理契约及其与工作态度的关系，通过文献法、个人访谈、焦点团体访谈编制了《高校教师心理契约问卷》，并同时使用心理违背问卷、工作满意度问卷、组织支持感问卷、离职意向问卷以及此问卷开展测量。研究表明，心理契约类型在教师的组织支持感、工作满意度、离职意向上存在显著差异。① 王海威、刘元芳（2008）对中美高校教师心理契约进行了比较研究，发现高校教师这一群体的心理契约具有敏感性、教育学、自主性、成就感和发展性特征。由于中美文化背景不同，高校教师心理契约的形成、性质、类型和违背等方面也存在差异。作者针对这些差异，并结合中国本土化特色，提出以人为本式管理夯实心理契约，以参与式管理引导心理契约，前瞻式管理维护心理契约的高校教师的心理契约管理策略。② 李枫、李成江（2009）在《高校教师心理契约与组织公民行为关系研究——基于组织认同中介作用的分析》研究中认为高校教师心理契约与组织公民行为呈正向相关，高校教师心理契约与组织认同之间呈正向相关，组织认同与组织公民行为之间呈正向相关，组织认同在高校教师心理契约与组织公民行为关系中起中介作用，并且起完全中介作用。

7.1.2 组织支持感的研究概述

7.1.2.1 组织支持感的概念界定

美国教授艾森伯格（Eisenberger）（1986）在应用心理学杂志上对组

① 董学安．高校教师心理契约及其与工作态度的关系 [D]．广州：华南师范大学，2007.

② 王海威，刘元芳．中美高校教师心理契约的比较研究 [J]．中国高教研究，2008(03)：83-85.

织支持感定义为："一个组织中的员工对组织在多大程度重视他们的贡献和关心他们福利的总体感受。"也就是说，当员工能感受到来自组织方面的支持，即能感受到组织给予的关怀、认同和支持时，员工就会在工作时更加努力，为组织争取更大的利益。[①] 罗兹（Rhoades）（2002）等加入了情境因素后，对组织支持感又进行了补充性的界定："组织支持感是指员工感受到的组织在有利或不利的境况下对待他们是否会有不同，并是否重视他们的贡献。"据乔治（Geogre）和布里夫（Brief）（1992）的研究结论，组织支持感可以增加员工对组织有利的角色外行为，比如在工作中帮助同事、为组织提供建设性意见、支持和保护组织以及为组织而不断提升自我等。韦恩（Wayne）（1997）的研究证实了组织支持对于组织承诺和工作满意度的正向作用，与离职倾向呈负相关关系。[②] 侯奕斌、凌文辁（2006）认为，组织支持感是员工对组织如何看待他们的贡献并关心他们利益的看法 [③]，并指出这一定义应该包括三个方面的内涵，即员工察觉到的组织对他们工作上的支持，对他们的利益的关心和价值的认同。在国内，大多数有关组织支持感的相关研究也都是基于凌文辁等人对于组织支持感概念的前提下开展的。

本研究采用艾森博格的观点，认为组织支持感是关于组织重视员工贡献和关注他们的幸福感的全面的看法。这一概念有两个核心的要点：一是员工对组织是否重视其贡献的感受，二是员工对组织是否关注其幸福感的感受。

7.1.2.2 组织支持感的测量工具

有关组织支持感的两倍，国内外学者就维度有着不同的划分。西方学者普遍适用艾森伯格编制的《组织支持感问卷》（the Survey of Perceived Organization Support，简称 SPOS），该问卷包括 36 个条目，其中 18 个正向计分条目，18 个反向计分条目。采用 7 点计分制（1 表示非常不同意，

① Eisenberger，R.Perceived organizational support.Journal of Applied Psychology，1986，71（3）：500-507.

② Wayne S J， Shore L M， Liden R C.Perceived Organizational Support and Leader -Member Exchange： A Social Exchange Perspective.Academy of Management Journal，1997，40（1）：82-111.

③ 侯奕斌，凌文辁．组织支持感及其改善途径 [J]. 现代管理科学，2006（11）：18-19.

7 表示非常同意），具有较高的信效度。但该量表条目比较多，在实际操作中具有一定的困难，因此在后继的一些研究中，部分学者抽取 SPOS 中因子载荷较高的条目组成了不同的组织支持感简短版量表。有些是 16 个条目，有些是 8 个条目等。在国内，宁赟（2010）认为组织支持感具有两个维度：工作支持感与生活支持感。该量表共有 10 个条目，采用 7 点计分制（1 表示非常不同意，7 表示非常同意），分数越高，表示被试自我感知的行为与问卷中的描述越相符。① 凌文辁等（2006）提出组织支持感具有三个维度：工作支持、员工价值认同、关心利益。共有 24 个条目，采用 6 点计分制。②

7.1.2.3 教师组织支持感的相关研究

艾森伯格等（1986）指出，组织支持感对员工工作满意度具有正向影响，会增加员工对组织的感情依附，提高员工对组织的承诺。组织支持感会使教师产生一种为学校利益和学校目标达成作出贡献的责任感，促使教师用更高的组织承诺以及更加努力的工作来回报学校。克莱默（Kraimer）等（2004）认为，组织支持感高的员工其工作绩效也相应较高。王黎华、徐长江（2008）的研究指出，中小学教师的组织支持感对其幸福感和职业倦怠具有一定的预测作用。③ 田喜州等（2010）的研究也指出，组织支持感会显著降低员工的主动性缺勤行为。④ 郝天侠（2011）的研究指出，高校教师的组织支持感、组织情感承诺与组织公民行为的三个维度之间都呈现显著的正向相关关系。⑤

① 宁赟．员工组织支持感二维结构模型研究 [C]//．第十二届中国管理科学学术年会论文集．[出版者不详]，2010：573-577.

② 凌文辁，杨海军，方俐洛．企业员工的组织支持感 [J]．心理学报，2006（02）：281-287.

③ 王黎华，徐长江．组织支持感对中小学教师幸福感与工作倦怠的影响 [J]．中国临床心理学杂志，2008，16（06）：574-575，578.

④ 田喜洲，谢晋宇．组织支持感对员工工作行为的影响：心理资本中介作用的实证研究 [J]．南开管理评论，2010（1）：7.

⑤ 郝天侠．高校教师组织支持感、组织情感承诺及组织公民行为关系研究 [J]．西北大学学报（哲学社会科学版），2011，41（02）：173-175.

7.1.3 职业倦怠的研究综述

7.1.3.1 教师职业倦怠的概念界定

弗罗伊登伯格（Freudenberger）（1973）第一次使用了“倦怠”这一术语。他用此来描述助人行业中经历了衰竭的人们。他把职业倦怠界定为职业倦怠是助人行业中的工作人员因工作强度过高，工作时间过长，并且无视自身的个人需要所引起的疲惫不堪的状态，也是过分努力去达到个人或社会的不切实际的期望的结果。马奇拉（Maslah）（1986）认为职业倦怠是指从事强度较高、人际接触频率较高的人所产生的不能应对工作压力的某些极端反应。教师职业倦怠也就是教师长期伴随高压力的情况下产生的情感、态度以及行为上的衰竭行为。彼得斯（Peters）（1981）将职业倦怠定义为“燃尽或耗尽个人的心智、生理、情绪资源，他的主要特征是疲乏、冷漠、理想破灭、沮丧，显示个人已经耗尽他的能源或适应的能量。”

本研究认为教师职业倦怠是指教师不能顺利应对工作压力时的一种极端反应，是教师伴随于长时期压力体验下而产生的情感、态度和行为的衰竭状态。

7.1.3.2 教师职业倦怠的测量工具

马奇拉（1986）编制了职业倦怠问卷（Maslach Burnout Inventory，简称 MBI），它包含了三个维度：情绪衰竭、去个性化以及低成就感。他在对职业倦怠概念维度的分析基础上，编制了对教师职业倦怠的测量表。但为了更加符合我国的本土文化，我国学者也在此基础上进行了部分修编。北京师范大学的王国香、刘长江、伍新春（2003）认为国内的教师职业倦怠不能深入研究，一个重要因素是缺乏可靠有效的测量工具。[①] 通过研究，他们修订编制了一个适合于中国文化的《教师职业倦怠量表》（Educator Burnout Inventory，简称 EBI）。研究结果表明，EBI 是一个具有良好信度和效度的测量教师职业倦怠的量表。王晓春、张莹、甘怡群等（2005）在 MBI 的基础上结合中国文化编制了《中学教师工作倦怠量表》，具有良好

① 王国香，刘长江，伍新春．教师职业倦怠量表的修编［J］．心理发展与教育，2003（03）：82-86.

的信效度。该量表共有三个维度：热情枯竭、精力枯竭和成就感的丧失。[①]李国红（2008）等人编制了《高校体育教师职业倦怠量表》，这满足了部分职业领域职业倦怠的要求。[②]袁红梅、张珊明等人（2009）编制了《高校教师职业倦怠量表》。[③]

7.1.3.3 教师职业倦怠的相关研究

国外很多相关研究表明，教师中出现职业倦怠的比例是相当高的。研究中显示，在英国 37% 的高中教师和 25% 的初中老师表示，因为压力、明显的倦怠，他们愿意辞职。在美国，说自己感觉到倦怠的教师比例更高。根据派因斯（Pines）、阿伦森（Aronson）、卡里夫（Kafry）（1991）的观点，大约 50% 的教师想要辞职。巴特勒（Bulter）（2005）对集体自尊的四个维度和教师职业倦怠的三个维度进行了研究，结论是在私人集体自尊维度上得分高的教师具有较高的个人成就感，在公众集体自尊维度上得分高的教师具有较低的情感衰竭和较高的个人成就感，重要作用识别集体自尊维度得分较高的教师具有低水平的人格解体和高水平的个人成就感。卡莫纳（Carmona）（2006）的研究也表明，教师职业倦怠与间接的应付方式相伴随，并且采取这种应付方式的教师从长远来讲更加容易产生职业倦怠。[④]

我国关于教师职业倦怠的研究主要是借鉴国外研究成果对我国教师职业倦怠原因进行分析，较多的是对教师职业倦怠状况的描述性报告。赵玉芳与毕重增（2003）引入 MBI 并对中学教师的职业倦怠状况及其影响因素进行了研究。[⑤]赵玉芳等（2003）以重庆市和四川省的 4 所中学的 230 名教师为被试开展研究调查，结果发现中学教师职业倦怠状况整体上并不是很严重。

① 甘怡群，王晓春，张轶文，张莹．工作特征对农村中学教师职业倦怠的影响 [J]．心理学报，2006（01）：92-98.

② 李国红，王力男．高校体育教师职业倦怠量表的编制 [J]．北京体育大学学报，2008（02）：251-252，285.

③ 袁红梅，张珊明，王小凤，沈丹．高校教师职业倦怠量表的初步编制 [J]．中国临床心理学杂志，2009，17（06）：690-692.

④ 张昊智．中学教师心理契约、组织支持感与职业倦怠的关系研究 [D]．长春：东北师范大学，2009.

⑤ 赵玉芳，毕重增．中学教师职业倦怠状况及影响因素的研究 [J]．心理发展与教育，2003（01）：80-84.

7.2 研究设计

7.2.1 研究目的

教师是职业倦怠的高发人群，在与工作相关的持续压力体验下容易产生情绪、态度和行为的耗竭。目前很多有关教师职业倦怠的研究围绕中小学教师开展，很少有以高职教师为被试，且很少从心理契约与组织支持感两个因素来研究。因此，本研究试图了解高职院校青年教师职业倦怠的现状，初步探讨心理契约、组织支持感与职业倦怠的关系，分析造成并加深高职院校青年教师职业倦怠的因素以及组织支持感在心理契约与职业倦怠中的作用机理，从而为学校和事业单位管理者提供相应的措施，对高职院校青年教师的工作给以充分的信任和支持，改善高职院校青年教师职业倦怠以及离职倾向逐渐加深的现象，进而让高职院校学生得到更加积极的、正向的学习，促进我国教育事业的发展。

7.2.2 研究假设

假设一：高职院校青年教师的心理契约、组织支持感总体处于中等偏上水平；职业倦怠总体处于中等偏下水平。

假设二：不同背景资料的高职院校青年教师在职业倦怠及三个维度上存在差异；如教龄方面，教龄越大，职业倦怠越大；是否担任辅导员方面，担任辅导员的教师职业倦怠应高于不担任辅导员的教师。

假设三：不同背景资料的高职院校青年教师在心理契约上存在差异；如婚姻状况方面，未婚的高职院校青年教师的心理契约显著高于已婚教师。

假设四：不同背景资料的高职院校青年教师在组织支持感上存在差异；如在性别方面，女教师的组织支持感要高于男教师；婚姻方面，未婚教师的组织支持感要高于已婚教师。

假设五：高职院校青年教师的心理契约、组织支持感与职业倦怠三者之间两两相关显著，高职院校青年教师心理契约的两个因子与组织支持感呈正相关，与职业倦怠的三个维度呈显著负相关，组织支持感与职业倦怠的三个维度呈现显著负相关。

假设六：组织支持感在心理契约与职业倦怠之间起着显著的中介效应。

7.2.3 研究对象

本研究以常州电大、机电学院等高职教师为调查对象，采用问卷调查法，共发放 280 分问卷，回收有效问卷为 228 分，有效回收率为 81.43%。由于高职院校青年教师工作性质的特殊性，造成极个别项目人数少于 30 人，不具有统计学意义，因此在统计分析时将其排除，具体有效的基本信息分布情况如下表 7–1。

表 7–1 样本分布情况

人口学因素	维度	样本数	百分比（%）
性别	男	90	39.5
	女	138	60.5
年龄	25 岁及其以下	13	5.7
	26 ～ 35 岁	123	54.8
	36 ～ 40 岁	90	39.5
婚姻状况	未婚	57	25.0
	已婚	165	72.4
	离婚	5	2.2
	丧偶	1	0.4
学历	博士	30	13.2
	硕士	120	52.6
	本科	77	33.8
	其他	1	0.4
学科性质	文科	55	24.1
	理科	131	57.5
	其他	42	18.4
职称	助教	43	18.9
	讲师	115	50.4
	副教授	35	15.4
	教授	2	0.9
	其他	33	14.5
是否辅导员或班主任	是	75	32.9
	不是	153	67.1
教龄	5 年及以内	100	43.9
	6–10 年	47	20.6
	11–15 年	43	18.9
	16 年及其以上	38	16.7

7.2.4 研究工具

7.2.4.1 心理契约问卷

心理契约问卷采用由韩明、董学安、范丹、何先友编制（2010）的《高校教师心理契约问卷》[①]，该问卷有两个分量表，学校责任量表和教师责任量表；学校责任量表包括四个维度：学校交易、学校发展、学校关系和学校关怀；教师责任包括三个纬度：教师交易、教师发展和教师关系。共有24题。采用李克特5点计分法，1为完全不符合，5为完全符合。分数越高，表示其责任履行得越好。两个分量表、总量表的内部一致性α系数均大于0.70，分半信度计算得到斯皮尔曼–布朗分布信度为0.81，学校责任分问卷的重测信度为0.82，教师责任分问卷的重测信度为0.83，总量表的重测信度为0.88。交易责任和发展责任的相关系数为0.77，发展责任和关系责任的相关系数为0.63，交易责任和关系责任的相关系数为0.66。此量表具有较高的信效度。在本研究中，该问卷克隆巴赫为0.915，说明问卷具有良好的信度。

7.2.4.2 组织支持感问卷

组织支持问卷引用艾森伯格（1998）编制的《组织支持感量表》，是一个单维度量表，只有“组织公正”一个因子。其简化版由原始量表中负荷最高的7个项目组成，部分项目为反向计分题，本量表对该量表稍做语言上的修改，将“组织”改为“学校”，该量表采用五点评分的形式，1为完全不符合，5为完全符合，第一题为反向计分，得分若超过平均分3，说明教师感受学校组织支持感程度较高。教师组织支持感量表的内部一致性系数为0.86。在本研究中，该问卷克隆巴赫为0.889，说明问卷具有良好的信度。

7.2.4.3 职业倦怠问卷

教师职业倦怠问卷采用王晓春、张莹、甘怡群、张轶文编制的《中学教师工作倦怠量表》。该问卷将教师职业倦怠分为三个维度：热情枯竭、精力枯竭和职业成就感的丧失，分别对应MBI中的去个性化、情绪衰竭以

① 韩明，等．高校教师心理契约问卷的编制[J]．心理发展与教育，2010，26（03）：315-321.

及低成就感。问卷共有 28 个项。采用六点计分制，1 为完全不符合，6 为完全符合。部分为反向计分。分数越高，表示其职业倦怠程度越高。热情枯竭与精力枯竭两个分量表的内部一致性系数均为 0.85 以上，职业成就感的丧失的内部一致性系数为 0.652，总量表的内部一致性系数为 0.908。该问卷具有较高的信度。所有项目与各自所属的分量表总分的相关均在 0.50 左右，且均在 0.01 水平上显著。因此，该量表具有良好的信效度。在本研究中，该问卷克隆巴赫为 0.899，说明问卷具有良好的信度。

7.2.5 数据处理

使用 SPSS17.0 进行数据处理和分析，本研究主要采用了描述性统计分析、独立样本 t 检验，单因素方差分析、单因变量多因素方差分析以及相关分析。

7.3 研究结果

7.3.1 高职院校青年教师心理契约、组织支持感与职业倦怠的总体特点

对高职院校青年教师心理契约、组织支持感、职业倦怠及各维度的得分进行描述性统计分析，结果见表 7–2。

表 7–2 教师心理契约、组织支持感与职业倦怠及各维度的描述性统计（M±SD）

因子	*M*	*SD*
心理契约	3.79	0.49
学校责任	3.60	0.62
教师责任	4.07	0.48
组织支持感	3.26	0.70
职业倦怠	2.94	0.71
热情枯竭	2.79	0.85
精力枯竭	3.27	0.92
成就感的丧失	2.70	0.74

由表 7–2 可知，高职院校青年教师心理契约总均分为 3.79，经单样本 t 检验后，可知，心理契约均分显著高于中值，说明高职院校青年教师心理契约处于中等偏上水平。从学校责任（3.60）与教师责任（4.07）这两个分量表看出，教师责任得分明显高于学校责任。并且，高职院校青年教师的组织支持感的平均分为 3.26，经单样本 t 检验后可知，组织支持感均

分显著高于中值，得分处于中等偏上程度。从表中还可知，高职院校青年教师职业倦怠的平均分为 2.94，经单样本 t 检验后可知，职业倦怠均分显著低于中值，处于中等偏下程度。在三个因子中，精力枯竭程度最高。

7.3.2 教师心理契约、组织支持感与职业倦怠在人口学变量的差异

7.3.2.1 在性别上的差异

对心理契约两个分量表及其各维度以及组织支持感、职业倦怠及其各维度在性别状况上的差异进行独立样本 t 检验，结果见表 7–3。

由表 7–3 可知，不同性别的高职院校青年教师在心理契约及其两个分量表与其各维度上，以及在组织支持感与职业倦怠及其维度上均不存在显著差异。

表 7–3 高职院校青年教师心理契约、组织支持感与职业倦怠及其各维度在性别上的差异比较

因子	性别		t	p
	男	女		
心理契约	3.75±0.48	3.82±0.50	−0.98	0.78
学校责任	3.54±0.62	3.63±0.62	−1.03	0.83
学校交易	3.53±0.69	3.54±0.77	−0.03	0.38
学校发展	3.53±0.77	3.66±0.71	−1.26	0.43
学校关系	3.97±0.63	4.04±0.58	−0.86	0.69
学校关怀	3.30±0.80	3.42±0.75	−1.18	0.56
教师责任	4.04±0.47	4.08±0.48	−0.54	0.77
教师交易	4.04±0.54	4.10±0.54	−0.79	0.86
教师发展	4.12±0.58	4.09±0.57	0.45	0.44
教师关系	3.99±0.54	4.06±0.57	−0.94	0.71
组织支持感	3.24±0.64	3.27±0.75	−0.28	0.09
职业倦怠	2.96±0.74	2.93±0.69	0.26	0.26
热情枯竭	2.84±0.97	2.76±0.77	0.71	0.06
精力枯竭	3.24±0.90	3.28±0.94	−0.33	0.79
成就感丧失	2.71±0.74	2.70±0.74	0.95	0.81

7.3.2.2 在年龄上的差异

对心理契约两个分量表的各维度、组织支持感、职业倦怠及其各维度在年龄状况上的差异进行单因素方差分析，结果见表 7–4。

表 7-4 高职院校青年教师心理契约、组织支持感与职业倦怠及其各维度在年龄上的差异比较

因子	年龄	$M \pm SD$	F	p
心理契约	25 岁以下	3.80 ± 0.49	0.57	0.69
	26 ~ 35 岁	3.82 ± 0.52		
	36 ~ 40 岁	3.72 ± 0.53		
学校交易	25 岁以下	3.56 ± 0.73	2.51	0.04
	26 ~ 35 岁	3.68 ± 0.68		
	36 ~ 40 岁	3.37 ± 0.86		
组织支持感	25 岁以下	3.28 ± 0.67	0.25	0.91
	26 ~ 35 岁	3.27 ± 0.79		
	36 ~ 40 岁	3.17 ± 0.75		
职业倦怠	25 岁以下	2.90 ± 0.67	1.79	0.13
	26 ~ 35 岁	2.85 ± 0.71		
	36 ~ 40 岁	3.22 ± 0.79		

由表 7-4 可知，不同年龄的高职院校青年教师在学校交易中存在显著差异，在心理契约及其两个分量表与其他各维度，以及在组织支持感与职业倦怠及其维度上均不存在显著差异。经 LSD 多重比较发现，36 ~ 40 岁的高职院校青年教师在学校交易维度上要显著高于其他年龄组的教师。

7.3.2.3 在婚姻上的差异

对心理契约两个分量表及其各维度以及组织支持感、职业倦怠及其各维度在婚姻状况上的差异进行单因素方差分析，结果见表 7-5。

表 7-5 高职院校青年教师心理契约、组织支持感与职业倦怠及其各维度在婚姻上的差异比较

因子	婚姻	$M \pm SD$	F	p
心理契约	未婚	3.85 ± 0.48	0.59	0.63
	已婚	3.78 ± 0.50		
学校交易	未婚	3.58 ± 0.77	2.83	0.04
	已婚	3.54 ± 0.71		
组织支持感	未婚	3.40 ± 0.69	2.14	0.09
	已婚	3.23 ± 0.69		
职业倦怠	未婚	2.87 ± 0.59	0.63	0.60
	已婚	2.96 ± 0.75		

由表 7-5 可知，不同婚姻状况的高职院校青年教师在学校交易中存在显著差异，在心理契约及其两个分量表与其他各维度，以及在组织支持感与职业倦怠及其维度上均不存在显著差异。其中未婚的高职院校青年教师在学校交易维度上要显著高于已婚的高职院校青年教师。

7.3.2.4 在学历上的差异

对心理契约两个分量表及其各维度以及组织支持感、职业倦怠及其各维度在学历上的差异进行单因素方差分析，结果见表 7–6。

由表 7–6 可知，不同学历的高职院校青年教师在教师交易与教师关系中存在显著差异，在心理契约及其两个分量表与其他各维度，以及在组织支持感与职业倦怠及其维度上均不存在显著差异。高职院校青年教师在教师交易维度上的分数顺序为：本科＞硕士＞博士，在教师关系上的分数顺序为：硕士＞本科＞博士。

表 7–6 青年教师心理契约、组织支持感与职业倦怠及其各维度在学历上的差异比较

因子	学历	$M \pm SD$	F	p
心理契约	博士	3.65 ± 0.44	1.77	0.15
	硕士	3.83 ± 0.50		
	本科	3.80 ± 0.49		
教师交易	博士	3.86 ± 0.48	2.81	0.04
	硕士	4.07 ± 0.56		
	本科	4.18 ± 0.52		
教师关系	博士	3.79 ± 0.58	4.17	0.007
	硕士	4.08 ± 0.53		
	本科	4.06 ± 0.56		
组织支持感	博士	3.22 ± 0.59	0.18	0.91
	硕士	3.29 ± 0.74		
	本科	3.22 ± 0.69		
职业倦怠	博士	2.73 ± 0.54	2.23	0.09
	硕士	2.92 ± 0.72		
	本科	3.05 ± 0.72		

7.3.2.5 在学科性质上的差异

对心理契约两个分量表的各维度、组织支持感、职业倦怠及其各维度在学科性质上的差异进行单因素方差分析，结果见表 7–7。

表 7–7 高职院校青年教师三个变量在学科性质上的差异比较

因子	学历	$M \pm SD$	F	p
心理契约 组织支持感	文科	3.76 ± 0.51	0.19	0.83
	理科	3.81 ± 0.50		
	其他	3.79 ± 0.49		
	文科	3.14 ± 0.69	1.25	0.29
	理科	3.28 ± 0.73		
	其他	3.36 ± 0.64		

续表

因子	学历	$M \pm SD$	F	p
职业倦怠	文科	2.95±0.65	0.01	0.99
	理科	2.94±0.76		
	其他	2.93±0.62		
成就感的丧失	文科	2.91±0.83	3.12	0.046
	理科	2.64±0.72		
	其他	2.62±0.63		

由表 7–7 可知，高职院校青年教师主要负责的学科性质在成就感的丧失维度中存在显著差异；在心理契约的两个分量表的各维度、组织支持感、职业倦怠及其他维度上均不存在显著差异。经 LSD 多重比较发现，文科的高职院校青年教师在成就感的丧失维度上要显著高于其他学科的教师，其中文科的高职院校青年教师与理科的高职院校青年教师之间存在显著的差异（p=0.018 ＜ 0.05）。

7.3.2.6 在职称上的差异

对心理契约两个分量表及其各维度以及组织支持感、职业倦怠及其各维度在职称状况上的差异进行单因素方差分析，结果见表 7–8。

表 7–8 青年教师心理契约、组织支持感与职业倦怠及其各维度在职称上的差异比较

因子	职称	$M \pm SD$	F	p
心理契约	助教	3.96±0.45	1.78	0.14
	讲师	3.74±0.49		
	副教授	3.76±0.53		
	其他	3.81±0.50		
教师交易	助教	4.11±0.54	3.06	0.018
	讲师	3.97±0.21		
	副教授	4.30±0.55		
	其他	4.18±0.57		
组织支持感	助教	3.46±0.66	1.64	0.17
	讲师	3.16±0.67		
	副教授	3.24±0.79		
	其他	3.38±0.74		
职业倦怠	助教	2.81±0.61	0.53	0.71
	讲师	2.98±0.68		
	副教授	2.98±0.83		
	其他	2.95±0.79		

由表 7–8 可知，不同职称的高职院校青年教师在教师交易维度中存在显著差异，在心理契约及其两个分量表与其他各维度，以及在组织支持感与职业倦怠及其维度上均不存在显著差异。经 LSD 多重比较发现，职称

为副教授的高职院校青年教师在教师交易维度上要显著高于其他职称的教师，其中讲师与没有职称的高职院校青年教师之间存在显著的差异（$p=0.047<0.05$），讲师与副教授之间存在极其显著的差异（$p=0.002<0.05$）。

7.3.2.7 在是否为辅导员或班主任上的差异

对心理契约两个分量表及其各维度以及组织支持感、职业倦怠及其各维度在是否为辅导员或班主任的差异进行独立样本 t 检验，结果见表 7–9。

表 7–9 高职院校青年教师三个变量及其各维度在是否辅导员或班主任上的差异比较

因子	是否为辅导员或班主任		*t*	*p*
	是	否		
心理契约	3.83 ± 0.45	3.77 ± 0.51	0.77	0.10
组织支持感	3.24 ± 0.61	3.27 ± 0.75	−0.28	0.032
职业倦怠	2.93 ± 0.59	2.95 ± 0.76	−0.24	0.014
精力枯竭	3.27 ± 0.71	3.27 ± 1.01	0.20	0.003

由表 7–9 可知，担任辅导员或班主任的高职院校青年教师与不担任辅导员或班主任的高职院校青年教师在组织支持感、职业倦怠中存在显著差异，在精力枯竭维度中存在极其显著的差异，在心理契约及其两个分量表与其各维度，以及在职业倦怠其他两个维度上均不存在显著差异。

7.3.2.8 在教龄上的差异

对心理契约两个分量表及其各维度以及组织支持感、职业倦怠及其各维度在教龄上的差异用单因素方差分析，结果见表 7–10。

表 7–10 高职院校青年教师三个变量及其各维度在教龄上的差异比较

因子	教龄	*M* ± *SD*	*F*	*p*
心理契约	5 年以内	3.84 ± 0.45	1.56	0.17
	6–10 年	3.83 ± 0.58		
	11–15 年	3.69 ± 0.47		
学校关怀	5 年以内	3.48 ± 0.66	2.46	0.03
	6–10 年	3.46 ± 0.89		
	11–15 年	3.21 ± 0.78		
组织支持感	5 年以内	34.36 ± 0.63	1.30	0.26
	6–10 年	3.32 ± 0.79		
	11–15 年	3.08 ± 0.71		
职业倦怠	5 年以内	2.84 ± 0.59	1.28	0.28
	6–10 年	2.92 ± 0.80		
	11–15 年	3.08 ± 0.77		

由表 7-10 可知，不同教龄的高职院校青年教师在学校关怀维度中存在显著差异，在心理契约及其两个分量表与其他各维度，以及在组织支持感与职业倦怠及其维度上均不存在显著差异。经 LSD 多重比较发现，教龄为 5 年以内的高职院校青年教师在学校关怀维度上要显著高于其他教龄的教师。

7.3.3 高职院校青年教师心理契约、组织支持感与职业倦怠的相关关系

7.3.3.1 职业倦怠与心理契约的相关关系

对高职院校青年教师职业倦怠与心理契约进行相关分析，结果见表 7-11。

表 7-11 高职院校青年教师职业倦怠与组织支持感的相关分析

	心理契约	学校责任	教师责任	职业倦怠	热情枯竭	精力枯竭	成就感的丧失
心理契约	1						
学校责任	0.94**	1					
教师责任	0.77**	0.50**	1				
职业倦怠	−0.48**	−0.47**	−0.34**	1			
热情枯竭	−0.55**	−0.52**	−0.42**	0.90**	1		
精力枯竭	−0.27**	−0.30**	−0.12	0.85**	0.58**	1	
成就感丧失	−0.26**	−0.18**	−0.31**	0.54**	0.39**	0.28**	1

由表 7-11 可知，职业倦怠及各维度与心理契约均密切相关，职业倦怠与心理契约的相关系数为 −0.48（$p < 0.001$）。因此，职业倦怠与心理契约存在极其显著的负相关。在心理契约的两个分量表中，学校责任与职业倦怠的相关程度要大于教师责任。心理契约与热情枯竭维度的相关系数为 −0.55（$p < 0.001$），与精力枯竭维度的相关系数为 0.27（$p < 0.001$），与成就感的丧失维度的相关系数为 0.26（$p < 0.001$）。因此，组织支持感与职业倦怠的三个维度均密切相关，且其相关的程度大小为：热情枯竭＞精力枯竭＞成就感的丧失。

7.3.3.2 职业倦怠与组织支持感的相关关系

对高职院校青年教师职业倦怠与组织支持感进行相关分析，结果见表 7-12。

表 7-12 高职院校青年教师职业倦怠与组织支持感的相关分析

	组织支持感	职业倦怠	热情枯竭	精力枯竭	成就感的丧失
组织支持感	1				
职业倦怠	−0.47**	1			
热情枯竭	−0.50**	0.90**	1		
精力枯竭	−0.33**	0.85**	0.58**	1	
成就感丧失	−0.21**	0.54**	0.39**	0.28**	1

由表 7-12 可知，职业倦怠及各维度与组织支持感均密切相关，职业倦怠与组织支持感的相关系数为 −0.47（$p < 0.001$）。因此，职业倦怠与组织支持感呈极其显著的负相关。组织支持感与热情枯竭维度的相关系数为 −0.50（$p < 0.001$），与精力枯竭维度的相关系数为 0.33（$p < 0.001$），与成就感的丧失维度的相关系数为 0.21（$p < 0.001$）。因此，组织支持感与职业倦怠的三个维度均密切相关，且其相关的程度大小为：热情枯竭＞精力枯竭＞成就感的丧失。

7.3.3.3 职业倦怠与心理契约各维度的相关关系

对高职院校青年教师职业倦怠与心理契约进行相关分析，结果见表 7−13。

由表 7−13 可知，职业倦怠各维度与心理契约各维度均密切相关，职业倦怠各维度与心理契约各维度均存在极其显著的负相关，心理契约各维度与组织支持感均存在极其显著的正相关。

表 7-13 高职院校青年教师心理契约各维度与组织支持感与职业倦怠各维度的相关分析

	组织支持感	热情枯竭	精力枯竭	成就感的丧失
学校交易	0.48**	−0.38**	−0.18**	−0.08**
学校发展	0.59**	−0.41**	−0.26**	−0.15**
学校关系	0.43**	−0.42**	−0.21**	−0.22**
学校关怀	0.65**	−0.52**	−0.33**	−0.18**
教师交易	0.29**	−0.35**	−0.08**	−0.24**
教师发展	0.37**	−0.35**	−0.14**	−0.26**
教师关系	0.31**	−0.37**	−0.08**	−0.28**

7.3.4 高职院校青年教师心理契约、组织支持感与职业倦怠的回归分析

7.3.4.1 高职院校青年教师心理契约对职业倦怠的回归分析

高职院校青年教师心理契约对职业倦怠进行回归分析，结果见表 7−14。

表 7-14 高职院校青年教师心理契约对职业倦怠的回归分析

自变量	B	β	t	R^2	F
常量	5.56		17.36		
心理契约	−0.69	−0.48	−8.23	0.23	67.74***

由表 7–14 可知，以高职院校青年教师心理契约为自变量，职业倦怠为因变量，进行回归分析。结果发现高职院校青年教师心理契约对职业倦怠具有极其显著的负向预测作用，因子总共解释了职业倦怠 23% 的变异量，因此回归方程为：

职业倦怠 =−0.69× 心理契约 +5.56

7.3.4.2 高职院校青年教师组织支持感对职业倦怠的回归分析

高职院校青年教师组织支持感对职业倦怠进行回归分析，结果见表 7–15。

表 7-15 高职院校青年教师组织支持感对职业倦怠的回归分析

自变量	*B*	*β*	*t*	R^2	*F*
常量	4.48		22.82		
组织支持感	−0.47	−0.47	−8.00	0.22	63.98***

由表 7–15 可知，以高职院校青年教师组织支持感为自变量，职业倦怠为因变量，进行回归分析。结果发现高职院校青年教师组织支持感对职业倦怠具有极其显著的负向预测作用，因子总共解释了职业倦怠 22% 的变异量，因此回归方程为：

职业倦怠 =−0.47× 组织支持感 +4.48

7.3.4.3 职院校教师心理契约、组织支持感对职业倦怠的回归分析

高职院校青年教师心理契约、组织支持感对职业倦怠进行回归分析，结果见表 7–16。

表 7-16 高职院校青年教师心理契约、组织支持感对职业倦怠的回归分析

自变量	*B*	*β*	*t*	R^2	*F*
常量	5.51		17.73		
心理契约	−0.44	−0.31	−4.20	0.28	43.15***
组织支持感	−0.28	−0.28	−3.81		

由表 7–16 可知，以高职院校青年教师心理契约、组织支持感为自变量，职业倦怠为因变量，进行回归分析。结果发现高职院校青年教师心理契约、组织支持感对职业倦怠有极其显著的负向预测作用，因子总共解释了职业倦怠 28% 的变异量，因此回归方程为：

职业倦怠 =−0.44× 心理契约 −0.28× 工作满意度 +5.51

7.3.4.4 心理契约与组织支持感共同对职业倦怠的预测模型图

心理契约与组织支持感共同对职业倦怠的预测模型见图 7-1：

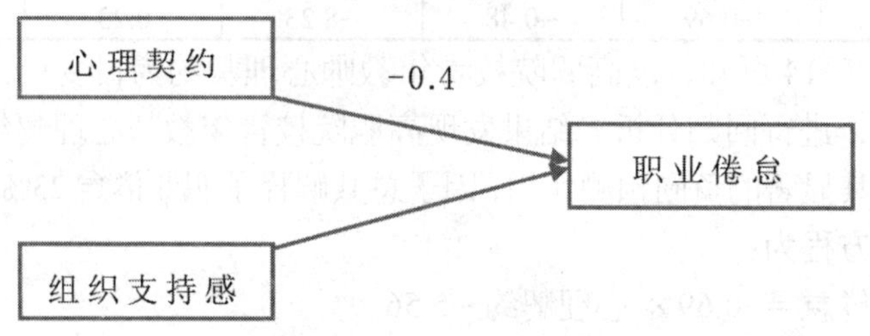

图 7-1 心理契约、组织支持感对职业倦怠的预测模型

7.3.5 组织支持感的中介效应检验及作用分析

按照温忠麟等人（2004）提出的中介效应检验程序，首先对检验变量得分取均值并中心化处理，生成三个对应的变量分别是自变量（X）为中心化的心理契约、中介变量（M）为中心化的组织支持感、因变量（Y）为中心化的职业倦怠。[①] 如图 7-2 所示，依次检验 *c*、*a*、*b* 以及 *c*' 的显著性。

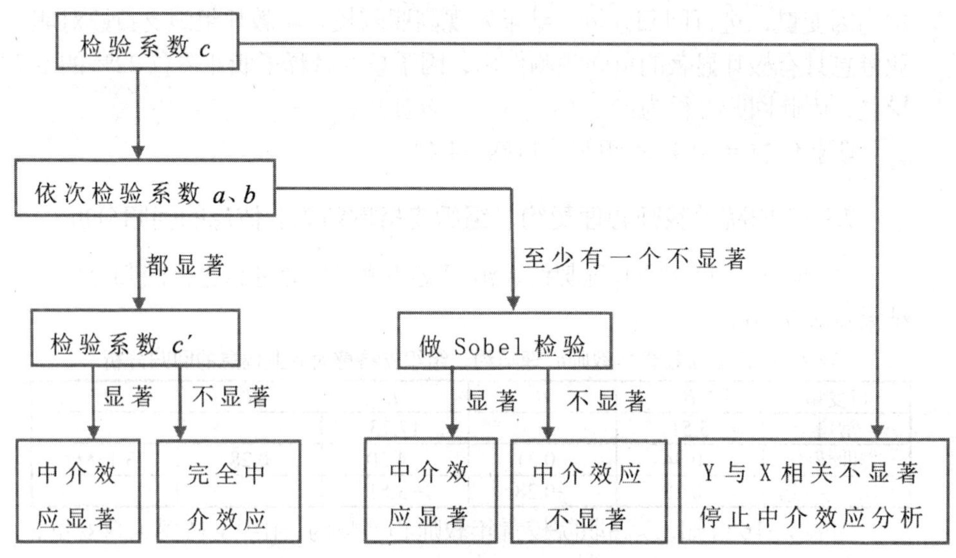

图 7-2 中介效应检验程序

① 温忠麟．张雷，侯杰泰，刘红云．中介效应检验程序及其应用 [J]. 心理学报，2004（05）：614-620.

7.3.5.1 高职院校青年教师心理契约对职业倦怠的回归分析

对高职院校青年教师心理契约（X）对职业倦怠（Y）进行回归分析，检验方程 $y=cx+e_1$，结果见表 7–17。

表 7–17 高职院校青年教师心理契约对职业倦怠的效应检验

自变量	因变量	β	t	p	R^2	F
心理契约	职业倦怠	−0.69	−8.23	0.000	0.23	67.74***

由表 7–17 可知，方程 $y=cx+e_1$ 的回归效应显著，c 值为 −0.69（$p < 0.001$），可以进行方程 $m=ax+e_2$ 进行显著性检验。

7.3.5.2 高职院校青年教师心理契约对组织支持感的回归分析

对高职院校青年教师心理契约（X）对组织支持感（M）进行回归分析，检验方程 $m=ax+e_2$，结果见表 7–18。

表 7–18 高职院校青年教师心理契约与组织支持感的效应检验

自变量	因变量	β	t	p	R^2	F
心理契约	组织支持感	0.90	12.15	0.000	0.40	147.51***

由表 7–18 可知，方程 $m=ax+e_2$ 的回归效应显著，a 值为 0.90（$p < 0.001$），可对方程 $y=c'x+bm+e_3$ 进行显著性检验。

7.3.5.3 组织支持感的中介作用分析

对心理契约（X）、组织支持感（M）对职业倦怠（Y）进行回归分析，检验方程 y=c′x+bm+e3，结果见表 7–19。

表 7–19 组织支持感在心理契约与职业倦怠间的中介效应检验

自变量	因变量	β	t	p	调整后 R^2	F
心理契约	职业倦怠	−0.44	−4.20	0.000	0.28	43.15***
组织支持感		−0.28	−3.81	0.000		

由表 7–19 可知，方程 $y=c'x+bm+e_3$ 中，c′ 值为 −0.44（$p < 0.001$），b 值为 −0.28（$p < 0.001$），存在极其显著的差异，表明组织支持感的中介效应显著。

7.4 分析与讨论

7.4.1 高职院校青年教师心理契约、组织支持感与职业倦怠的总体情况分析

高职院校青年教师心理契约得分处于中等偏上水平，教师责任得分明

显高于学校责任，表明教师普遍对自身履行契约程度较高，而认为学校对潜在契约的履行程度要低于教师自身的付出。组织支持感处于中等偏上水平，表明高职院校青年教师普遍能够感受到来自学校的支持。高职院校青年教师职业倦怠及其各维度均处于中等偏下水平，说明高职院校青年教师职业倦怠情况不是很严重。在三个因子中，精力枯竭程度最高，说明教师在工作中容易产生一些身体的、精神的疲劳。其中高职院校青年教师职业倦怠水平总体特点与陈树的研究结果一致。①结果支持研究假设一，这是由于国家越来越重视教育，对于教师的身心健康越来越关注，学校领导也在不断地改善其激励机制，想要通过教师的努力增加学校的招生率及就业率，由此更高地提升了高职院校青年教师的心理契约和组织支持感，进而有效地减少了高职院校青年教师职业倦怠。

7.4.2 高职院校青年教师心理契约、组织支持感与职业倦怠在人口学变量上的差异分析

7.4.2.1 性别上的差异性分析

不同性别的高职院校青年教师在心理契约及其两个分量表与其各维度上均不存在显著差异，这与陈锋菊的研究结果是一致的。②不同性别的高职院校青年教师在组织支持感上也不存在显著差异，这与熊会兵的研究结果一致。③本研究还发现，不同性别的高职院校青年教师在职业倦怠及其各维度上也没有显著差异，这与曹向军的研究结果相一致。④但也有少部分研究结果显示不同性别的高职院校青年教师在职业倦怠及其各维度中是存在差异的，男性高职院校青年教师的职业倦怠要比女性高职院校青年教师的职业倦怠稍微严重些，这可能由于男性一般要承担起整个家庭和社会的责任，是整个家庭的主心骨，因此，男性的压力要比女性大，也就容易

① 陈树，马娟，朱金富．高职教师的职业倦怠与心理控制源、应对方式［J］．中国心理卫生杂志，2014，28（04）：293-297.

② 陈锋菊，范兴华，贺春生．高校辅导员职业倦怠的现状及影响因素［J］．湖南师范大学教育科学学报，2011，10（06）：82-84.

③ 熊会兵，罗东霞．高校教师的组织支持感、集体自尊与组织承诺关系［J］．经济管理，2008（13）：48-52.

④ 崔向军，马洋纳，朱小茼．高校教师工作压力与职业倦怠的相关研究［J］．中国健康心理学杂志，2011，19（05）：561-562.

产生倦怠。本研究可能是样本量较少，在性别上三个变量及其各维度并未有任何显著差异。

7.4.2.2 在年龄上的差异性分析

不同年龄的高职院校青年教师在学校交易中存在显著差异，这与董学安研究结果一致。[①] 其中 36 ~ 40 岁的高职院校青年教师在学校交易维度上要显著高于其他年龄组的教师。也就是说，在 36 ~ 40 岁的教师对于学校薪酬、福利上的心理期待较高，这可能是由于 36 ~ 40 岁的教师处于事业高峰期，在自身专业素质不断发展的同时，更需要学校的经济政策上的支持与鼓励。同时，其工资福利也是家庭经济收入的一大来源，因此，其对学校做出的贡献也会相应增多，以希望能得到更高的薪酬，受到更好的待遇。不同年龄的高职院校青年教师在组织支持感不存在显著性差异，这与郝天侠的研究结果一致。[②] 同时，不同年龄的高职院校青年教师在职业倦怠及其维度上也不存在显著差异。

7.4.2.3 在婚姻上的差异性分析

不同婚姻状况的高职院校青年教师在学校交易中存在显著差异，这与许艳营的研究结果相同。[③] 在心理契约及其两个分量表与其他各维度，以及在组织支持感与职业倦怠及其维度上均不存在显著差异。其中未婚的高职院校青年教师在学校交易维度上要显著高于已婚的高职院校青年教师，这可能是由于未婚的高职院校青年教师没有家庭孩子的牵挂，更能感受到来自学校的重视，且学校对于未婚教师提供了更多的优待政策，比如住房等福利，让未婚的高职院校青年教师对学校给出的工作更加认真负责。

7.4.2.4 在学历上的差异性分析

不同学历的高职院校青年教师在教师交易维度上存在显著差异，这与许艳营的研究结果相同。其中，本科毕业的高职院校青年教师的教师交易

---

① 董学安．高校教师心理契约及其与工作态度的关系 [D]．广州：华南师范大学，2007.

② 郝天侠．高校教师组织支持感、组织情感承诺及组织公民行为关系研究 [J]．西北大学学报（哲学社会科学版），2011，41（02）：173-175.

③ 许艳营．心理契约、工作满意度与高校教师职业倦怠的关系研究 [D]．郑州：河南师范大学，2014.

分数最大，硕士的教师交易分又大于博士，可见学历越高，高职院校青年教师的教师交易维度分数越低。这可能是由于高学历的高职院校青年教师在高职院校里并不能感受到相应的待遇，因此，对学校的牺牲和奉献的意识也不强。不同学历的高职院校青年教师与教师关系维度也存在显著差异，其中硕士的教师关系分最大，之后是本科毕业的高职院校青年教师，再之后才是博士。不同学历的高职院校青年教师在心理契约及其两个分量表与其他各维度，以及在组织支持感与职业倦怠及其维度上均不存在显著差异。这与以往的研究有些出入，可能是由于此次研究发放的高职院校较为集中，并没有在多个院校内进行发放，统计出硕士毕业的高职院校青年教师有120名，本科高职院校青年教师有77名，博士毕业的高职院校青年教师只有30名，总体人数还是较少，因此可能对结果产生了一定的影响。

7.4.2.5 在学科性质上的差异性分析

高职院校青年教师主要负责的学科性质在职业倦怠成就感的丧失维度中存在显著差异，在心理契约及其两个分量表与其各维度，以及在组织支持感与职业倦怠及其他维度上均不存在显著差异。其中，文科的高职院校青年教师在成就感的丧失维度上要显著高于其他学科的教师，且文科的高职院校青年教师与理科的高职院校青年教师之间存在显著的差异。这可能是由于文科教学是一个缓慢积累的过程，短时间难以见到成效，且现在越来越多的学校对文科类的重视程度降低，所调查的几所高职院校也都是文科较少、理科较多，因此文科教师相对理科教师感受到的成就感较少。

7.4.2.6 在职称上的差异性分析

不同职称的高职院校青年教师在教师交易维度中存在显著差异，在心理契约及其两个分量表与其他各维度，以及在组织支持感与职业倦怠及其维度上均不存在显著差异。其中，职称为副教授的高职院校青年教师在教师交易维度上要显著高于其他职称的教师，且讲师与没有职称的高职院校青年教师之间存在显著的差异，讲师与副教授之间存在极其显著的差异。这可能是由于作为副教授，事业正处于繁盛期间，教师更有责任对学校的发展做出贡献，同时，也更有动力来提高自己的业务水平，做好科研工作。因此，副教授的教师交易维度要显著高于其他职称的教师。而讲师处于事业的初始期，对于工作和学校开始有了浅层的认识，对于自己的事业也有了初步的规划，但并不是很完善，因此与并没有任何职称的教师以及副教授之间还是存在一定的差异。

7.4.2.7 在是否担任辅导员或班主任上的差异性分析

担任辅导员或班主任的高职院校青年教师与不担任辅导员或班主任的高职院校青年教师在组织支持感中存在显著差异。结果显示，不担任班主任或辅导员的高职院校青年教师的组织支持感相对担任班主任或辅导员的高职院校青年教师要稍微低些。研究还发现，是否担任辅导员或班主任在职业倦怠中也存在显著差异，其中，担任辅导员或班主任的高职院校青年教师的职业倦怠要比不担任辅导员或班主任的职业倦怠较少。同时，是否担任辅导员或班主任在精力枯竭维度中存在极其显著的差异，结果表明，不担任班主任或辅导员的高职院校青年教师精力枯竭比担任班主任或辅导员的高职院校青年教师稍微高一点。这与以往的研究有些出入，可能是因为问卷分布的较为不均，228 名被试中有 153 名高职院校青年教师不担任辅导员，只有 75 名高职院校青年教师担任辅导员或班主任。在心理契约及其两个分量表与其各维度，以及在职业倦怠其他两个维度上均不存在显著差异。

7.4.2.8 在教龄上的差异性分析

不同教龄的高职院校青年教师在学校关怀维度中存在显著差异，经过事后多重比较发现，教龄为 5 年以内的高职院校青年教师在学校关怀维度上要显著高于其他教龄的教师。这与董学安（2007）的研究并不一致，可能是由于研究对象的不同，根据大量文献说明高校教师与高职院校青年教师教学环境、心理特点和职业特点都在心理契约及其两个分量表与其他各维度，以及在组织支持感与职业倦怠及其存在一定的差异，因此，其心理契约程度也存在差异。维度上均不存在显著差异。这与以往的研究也存在一定的差异，可能是由于被试较少，且许多教龄层次划分的不是很合理，导致部分数量没有达到 30，因此不具有代表性。

7.4.3 高职院校青年教师心理契约、组织支持感与职业倦怠的关系分析

高职院校青年教师心理契约与职业倦怠呈显著负相关，其中学校责任的相关要大于教师责任的相关，由结果可看出，学校责任与职业倦怠的关

系更为密切。这一结果与康永军的研究是一致的。[①] 组织支持感与职业倦怠也呈现显著负相关，这一结果与王黎华的研究结果一致。[②] 这表明高职院校青年教师的心理契约越好，感受到的来自上级领导的信任度和认可度越高，产生的职业倦怠也就越少。也就是说，心理契约、组织支持感对职业倦怠均有极其显著的负向预测作用。结果支持研究假设五。本研究从组织行为学的角度来探讨职业倦怠，经数据统计分析发现，在心理契约对职业倦怠的影响中，组织支持感起到显著的中介作用，即心理契约可通过组织支持感对职业倦怠产生影响。结果支持假设六。本研究的这一结论也许可以给高职院校的管理者一定的启示作用，如果高职院校管理者能为高职院校青年教师提供良好的工作支持，则会加深巩固与高职院校青年教师之间的心理契约，进而减少高职院校青年教师的职业倦怠的产生，最终促进我国教育事业健康有序地发展。

7.5　本研究存在的问题

本研究虽然基本验证了研究假设，得出了一些有价值的结论，但由于一些不可控因素的制约，也不可避免地存在以下不足：

第一，由于高职院校青年教师取样较难，本研究所测的样本量不是特别大，因此得出的结果可能不具有很好的代表性。

第二，在人口学变量上，由于样本量较小，所以导致在人口学变量上分布不均匀，因此在人口学变量存在差异较少。

第三，本研究仅采用问卷法进行调查，研究方法过于单一，今后可以采取多种研究方法，提高研究结果的外在效度和内部效度。

7.6　研究结论

第一，高职院校青年教师的心理契约、组织支持感总体处于中等偏上水平，职业倦怠处于中等偏下水平，支持研究假设一。

① 康勇军，屈正良．高职院校教师心理契约与职业倦怠的关系：工作满意度的中介作用 [J]. 中国临床心理学杂志，2011，19（02）：234-236.

② 王黎华，徐长江．组织支持感对中小学教师幸福感与工作倦怠的影响 [J]. 中国临床心理学杂志，2008，16（06）：574-575，578.

第二，不同年龄、不同婚姻状况的高职院校青年教师在学校交易维度中存在显著差异，未婚的高职院校青年教师的学校交易大于已婚的高职院校青年教师；不同学历的高职院校青年教师在教师交易维度与教师关系维度中存在显著差异，学历越高，教师交易越大，硕士的教师关系最大，而本科的教师关系又大于博士的；不同职称的高职院校青年教师在教师交易维度中存在显著差异，副教授的教师交易显著高于其他职称的高职院校青年教师；以上结果部分支持研究假设二。

第三，担任辅导员或班主任的高职院校青年教师与不担任辅导员或班主任的高职院校青年教师在组织支持感中存在显著差异，不担任辅导员的高职院校青年教师的组织支持感比担任辅导员的组织支持感高，部分支持研究假设三。

第四，不同学科性质的高职院校青年教师在成就感的丧失维度中存在显著差异，文科教师的成就感的丧失维度显著高于其他学科的教师；担任辅导员或班主任的高职院校青年教师与不担任辅导员或班主任的高职院校青年教师在职业倦怠及精力枯竭维度中存在显著差异，部分支持研究假设四。

第五，高职院校青年教师的心理契约、组织支持感与职业倦怠三者之间两两相关显著，高职院校青年教师心理契约的两个因子与组织支持感呈正相关，与职业倦怠的三个维度呈显著负相关，组织支持感与职业倦怠的三个维度呈现显著负相关；其中，心理契约、组织支持感对职业倦怠均有极其显著的负向预测作用，支持研究假设五。

第六，高职院校青年教师组织支持感在心理契约与职业倦怠之间起着显著的中介效应，支持研究假设六。

7.7　本章小结

本研究采用《高校教师心理契约问卷》《组织支持感量表》简化版以及《教师工作倦怠量表》对228名高职院校青年教师心理契约、组织支持感、职业倦怠的现状及其相关性进行了调查研究。结果表明：

第一，高职院校青年教师的心理契约、组织支持感总体处于中等偏上水平，职业倦怠处于中等偏下水平。

第二，不同年龄、不同婚姻状况的高职院校青年教师在学校交易维度中存在显著差异；不同学历的高职院校青年教师在教师交易维度与教师关系维度中存在显著差异；不同职称的高职院校青年教师在教师交易维度中存在显著差异。

第三，担任辅导员或班主任的高职院校青年教师与不担任辅导员或班主任的高职院校青年教师在组织支持感中存在显著差异。

第四，不同学科性质的高职院校青年教师在成就感的丧失维度中存在显著差异；担任辅导员或班主任的高职院校青年教师与不担任辅导员或班主任的高职院校青年教师在职业倦怠中存在显著差异。

第五，高职院校青年教师的心理契约、组织支持感与职业倦怠三者之间两两相关显著，高职院校青年教师心理契约的两个因子与组织支持感呈正相关，与职业倦怠的三个维度呈显著负相关，组织支持感与职业倦怠的三个维度呈现显著负相关；其中，心理契约、组织支持感对职业倦怠均有极其显著的负向预测作用。

第六，高职院校青年教师的组织支持感在心理契约与职业倦怠之间起着显著的中介效应。

8　高职院校青年教师核心能力素质提升的路径分析

探索高职院校青年教师核心能力素质提升的路径是高职院校青年教师核心能力素质研究的最终目标。《国家中长期教育改革和发展规划纲要（2010—2020）》中明确提出，到 2020 年，教育的目标之一是要满足经济社会对高素质劳动者和技能型人才的需要。高等职业院校是培育高素质劳动者和技能型人才的重要阵地，高职院校青年教师核心能力素质是培养高素质劳动者和技能型人才重要保障，只有加强高等职业院校师资队伍建设，提高高职院校青年教师核心能力素质，才能培养出适应我国社会发展和需求的高素质劳动者和高技能型人才。因此，研究高职院校青年教师核心能力素质提升的路径是众多研究的热点之一。这方面的研究成果比较多，研究者们从不同的角度提出高职院校青年教师核心能力素质提升的路径[①]，主要体现在两个方面：一是从高职院校青年教师专业发展现状的视角进行研究，二是从高等职业院校教师专业发展提升的视角进行研究。以往的研究为本研究提供了一定的理论基础，本研究拟从高职院校青年教师核心能力素质提升的必要性、高职院校青年教师核心能力素质提升的原则以及高职院校青年教师核心能力素质提升的路径三个方面来阐述。

8.1　高职院校青年教师核心能力素质提升的必要性

本节主要从国家层面、学校层面、教师个体层面和学生层面来阐述高

① 邢敏村．高职教师专业发展研究综述［J］．江苏技术师范学院学报，2010，16（10）：95-99.

职院校青年教师核心能力素质提升的必要性。

8.1.1 国家层面

提升高职院校青年教师核心能力素质是国家职业教育改革的必然要求。《国家职业教育改革实施方案》中提出，职业教育与普通教育是两种不同教育类型，两者具有同等重要的地位。职业教育为我国经济社会的发展提供了强有力的智力和人才支撑，有了职教系统的支持，经济社会发展能力不断地增强，为实现现代化提供了有利条件和工作基础。伴随着我国进入新的发展阶段，伴随着产业升级和经济结构调整地不断加快，社会各行各业对技术技能性人才的需求越来越紧迫，职业教育越来越重要。在职业教育中，师资是保障职业教育质量的重要力量，因此，职教师资的地位与作用也越来越凸显。高职院校青年教师是职教师资的重要组成部分，高职院校青年教师的核心能力素质如何直接影响着职教师资的力量，因此，提升高职院校青年教师核心能力素质是国家职业教育改革的必然要求。

8.1.2 学校层面

提升高职院校青年教师核心能力素质是高等职业院校可持续发展的必然要求。科学发展观的基本要求是全面协调可持续发展，即又好又快的发展。高等职业院校要实现又好又快可持续发展，关键在于教育质量。教育质量是高等职业院校发展的核心，是学校生存发展的根本问题。而教育质量的提升有赖于高职院校青年教师，特别是一线高职院校青年教师的整体素养。要高等职业院校好，必先要师资好；要高等职业院校发展，必先要教师发展。教师核心能力素质，是学校教育质量和培养高素质人才最重要的保证，是高等职业院校教育办出特色实现可持续发展的关键所在。

8.1.3 教师个体层面

提升高职院校青年教师核心能力素质是高职院校青年教师个人发展的内在要求。高职院校青年教师作为高等职业院校的教育科研专业人员，要经历一个由不成熟到相对成熟的发展历程。在这个发展历程中，高职院校青年教师的核心能力素质提升就显得尤为重要。提升高职院校青年教师的核心能力素质可以使高职院校青年教师更好地适应职业需求，提高高等职业院校的职业认同感，让自己的专业能力得到更好的发展。高职院校青年教师的核心能力素质提升是高职院校青年教师内在的需求，是高职院校青年教师职业生涯得到更好发展的重要保障。因此，从教师个体层面来说，提升高职院校青年教师核心能力素质是高职院校青年教师的内在要求。

8.1.4 学生层面的必要性

提升高职院校青年教师核心能力素质是高等职业院校学生全面发展的重要保障。高等职业院校的服务对象是学生，直接与学生对接的就是高职院校青年教师。面对学生，高职院校青年教师担负着“传道授业解惑”的职责。对于学生来说，教师的素质就显得尤为重要，这决定着学生是否会喜欢这位老师，是否会喜欢这位老师所教授的课程。“以学生为本”是高等职业院校工作的重要工作内容。因此，为了学生的接受更好的教育，高职院校青年教师核心能力素质的提升也是其重要保障。

8.2 高职院校青年教师核心能力素质提升的原则

本节主要从发展性原则、系统性原则、实践性原则和以人为本原则四个方面来阐述高职院校青年教师核心能力素质提升的原则。

8.2.1 发展性原则

发展性原则是指高职院校青年教师核心能力素质的提升需要遵循发展性原则，具体是指高职院校青年教师核心能力素质的提升需要遵循高职院校青年教师个体发展的规律和核心能力素质提升的规律。其中，遵循高职院校青年教师个体发展的规律要求，在研究中不仅阐明一个人业已形成的心理品质，而且要考虑一个人的历史状况，特别是揭示那些刚刚产生的新的心理特点，这对于预测一个人的发展趋势和发展前景具有特别的重要意义。遵循高职院校青年教师核心能力素质提升的规律是指核心能力素质的提升是从不成熟到成熟的过程，在这个过程中有一个发展的历程，掌握这个发展的历程对于高职院校青年教师核心能力素质的提升有着借鉴和指导作用。

8.2.2 系统性原则

系统性原则也称整体性原则，主要是指把对象视为一个系统，以系统整体目标的优化为准绳，协调系统中各分系统的相互关系，将各个小系统的特性放到大系统的整体中去权衡，以整体系统的总目标来协调各个小系统的目标，使系统达到动态平衡。在高职院校青年教师核心能力素质提升中，就需要考虑系统性原则。在高职院校青年教师个体的因素这个子系统中，不仅要考虑教师个体内部动力的因素，还应考虑教师身体、家庭支持等方面的因素。只有系统地考虑问题，才能更好地促进高职院校青年教师核心能力素质。

8.2.3 实践性原则

实践性原则是指高职院校青年教师核心能力素质提升过程中，必须参与实践，必须在实践中促进高职院校青年教师核心能力素质的进一步发展，在实践中检验高职院校青年教师核心能力素质的成果。没有实践，高职院校青年教师专业能力发展就失去了立足之地。高等职业院校很大的职责是培养学生的实践能力，培养以市场需求为导向的具有实践能力的高等职业院校学生。这就要求高职院校青年教师核心能力素质也需遵循实践性原则，从实践中培养核心能力素质，让核心能力素质在实践中践行提升。同时，高职院校青年教师的核心能力素质也需要服务于实践，能够禁得起实践的考验，能够解决实践中遇到的问题和困难。

8.2.4 以人为本原则

以人为本原则是指高职院校青年教师核心能力素质提升过程中需要遵循以人为本，这里的以人为本主要是指以学生为本和以教师为本。以人为本是高等职业院校工作的出发点和归宿。高等职业院校以人为本既包括学生，也包括高职院校青年教师。把“以学生为本”的教育理念贯彻到学校的教育教学工作中，促进每一位学生的全面发展，客观上也需要师资力量即高职院校青年教师来实施，高职院校青年教师核心能力素质就显得尤为重要。同时高等职业院校的以人为本也包括“以教师为本”，关怀教师的职业发展和职业幸福感也成为重要的内容。高职院校青年教师的核心能力素质提升就是教师职业发展的重要保证。同时，高职院校青年教师的核心能力素质提升也需要以教师为中心，遵循高职院校青年教师的个人意愿，激发高职院校青年教师的动机，提升高职院校青年教师专业能力。

8.3 高职院校青年教师核心能力素质提升的路径

本研究高职院校青年教师核心能力素质提升的路径，主要从本研究进行的高职院校青年教师核心能力素质的影响因素的实证研究中进行探讨。从高职院校青年教师核心能力素质的影响因素中，我们可以看出主要有国家层面的支持，如国家政策支持、学校层面的支持、学校制度支持和教师个体层面的支持，如教师内在动机、教师能力素质、教师身体家庭支持等。以下我们就从宏观政府提供制度支持、中观学校提供组织支持以及微观教师进行自我提升三个方面来阐述高职院校青年教师核心能力素质提升的路径：

8.3.1 宏观上政府提供制度支持

高等职业院校教师专业化发展已经得到政府、社会以及学校和教育界的广泛关注，但依然需要政府以及教育行政部门制定和实施相关政策措施，进行宏观指导和支持，从而更好地推进我国高等职业院校教师核心能力素质的提高。从本研究的高职院校青年教师核心能力素质的影响因素的实证研究中，我们发现国家政策支持主要包括国家政策、教育体制改革、教育投入、教师的教育培训体系建设、教师学历提升路径建设和教师社会地位等方面。

8.3.1.1 完善国家政策制度

高职院校青年教师核心能力素质的提升需要国家一系列的国家政策支持，如国家在高等职业院校多举措打造“双师型”教师队伍。从2019年起，职业院校、应用型本科高校相关专业教师，原则上从具有3年以上企业工作经历并具有高等职业院校以上学历的人员中公开招聘，特殊高技能人才（含具有高级工以上职业资格人员）可适当放宽学历要求，2020年起基本不再从应届毕业生中招聘。[①] 加强职业技术师范院校建设，优化结构布局，引导一批高水平工科学校举办职业技术师范教育。实施职业院校教师素质提高计划，建立100个“双师型”教师培养培训基地，职业院校、应用型本科高校教师每年至少1个月在企业或实训基地实训，落实教师5年一周

---

① 宋丹丹．现代职业教育背景下应用型本科高校“双师型”教师培养策略研究［D］．宁波大学，2020.

期的全员轮训制度。这一系列的举措从招聘和培养上对高职院校青年教师成为“双师型”教师提供了政策支持，但国家还可以在高职院校青年教师核心能力素质的培养上提供一定的政策支持，如培训制度、学历提升制度、评聘晋升制度等。

8.3.1.2 加强教育体制改革

2019年国务院印发的《国家职业教育改革实施方案》中提到的预示“职教高考制度”，这意味着当前基于普通高考体系的学生来源渠道和生源质量将发生重大变化。社会是否还将高等职业院校教育认定为大学教育，或一种新类型的大学，还有待时间检验，进而引发高等职业院校专业人才培养模式重大变革。该方案中还预示办学主体发生重大变化，即由政府举办为主向政府统筹管理、社会多元办学格局转变。高校历来都是谁主办，谁出办学经费，谁管理。未来高等职业院校办学经费的来源主体有可能不再是政府的生均拨款和专项经费。即高等职业院校只有真正提高办学质量和服务产业的技术能力，加大社区人员和产业员工培训力度，切实满足政府和社会需求，让产业这个服务对象真正满意，才有可能获得充足办学经费，以此推动高等职业院校和企业真正成为利益共同体。这些高等职业院校进行的教育体制改革对高职院校青年教师既是机遇又是挑战，对高职院校青年教师核心能力素质的提升也有一定的要求。

8.3.1.3 加强教育投入

经费短缺是目前制约高等职业院校教育系统的一个重要因素。与普通高等教育比，高等职业院校教育起步晚，基础设施差，经费投入不足，办学条件与要求相差甚远，这些在一定程度上限制了高等职业院校的发展。国家政策表明，各级政府要建立与办学规模、培养成本、办学质量等相适应的财政投入制度，地方政府要按规定制定并落实职业院校生均经费标准或公用经费标准。在保障教育合理投入的同时，优化教育支出结构，新增教育经费要向职业教育倾斜。鼓励社会力量捐资、出资兴办职业教育，拓宽办学筹资渠道。建立国家技术技能大师库，鼓励技术技能大师建立大师工作室，并按规定给予政策和资金支持，支持技术技能大师到职业院校担任兼职教师，参与国家重大工程项目联合攻关。

政策的支持和足够的经费保证为促进高职院校青年教师的核心能力素质提升提供了一定的保障。如针对高职院校青年教师缺乏从业的行业实践能力的现状，可以定期派教师去企业进行挂职锻炼，但外出锻炼老师的费用问题如何解决，一直是困扰着学校管理的一个问题。[①]政府要增加专项资金投入，即可以保证高职院校青年教师队伍建设各项计划的顺利实施，并达到预期目标；政府还要尽量创造条件，争取再建立新的高职院校青年教师队伍建设专项，尤其在高职院校青年教师培训方面要进一步加大经费投入力度，完善高职院校青年教师培训经费合理分担机制，切实提高高职院校青年教师队伍整体素质和水平，为提高高等职业院校教育质量提供充分保障。[②]政府要切实落实针对高职院校青年教师教育、教师专业发展的专项经费，并且使经费的投入逐年增加。[③]

对我国有关教师专业发展的经费投入方面相对匮乏，也只能依靠健全的制度来约束，使得每一分产出都能得到良好的结果。首先，在政策制定方面，要制订相关的经费使用规章条款，例如，经费的申请条件、经费使用过程中的监管、经费使用的额度等；其次，在过程管理方面，这些条款既清晰明确，还要对该经费实施透明化的管理，目的是做到公平的原则，使每位教师都能得到同等的待遇；再次，在监督和评价方面，要有专门的人员对经费使用情况进行监督和评价，使得经费的使用能够更加合理、更加有效；最后，在激励方面，设置一部分经费用于对教师的奖励。这样的奖励制度是对教师在专业过程中的优异表现给予肯定，一定数额的嘉奖不仅是为教师工作的肯定，也可以提高教师在专业发展道路上的积极性。

8.3.1.4 加强教育培训体系建设

高职院校青年教师的核心能力素质提升需要专业化培训体系保障，这个体系应贯通职前培养、入职教育与职后教育，以满足高职院校青年教师终身发展的需求。建立完善的高校教师培训体系，大致可以包括四个层次：

第一，建立定期的培训制度。要针对不同学科、不同职务的高职院校青年教师制定不同的培训计划，政府与高等职业院校共同为其建立相应的

① 张君华，左显兰．高等职业院校教师专业发展的内涵及发展途径探讨［J］．职教论坛，2008（11）：15-18.

② 徐炬磊．应用型本科院校人才队伍建设面临的挑战与路径选择——以浙江为例［D］．宁波大学，2014.

③ 王楠．高校教师专业发展的现实性问题研究［D］．黑龙江大学，2009.

配套措施和经费支持，要求各高等职业院校为教师建立培训档案，记录培训情况。

第二，要创新培训机制，拓宽培训形式，注重培训形式的灵活性和多样性。培训形式具体可分岗位培训、骨干教师培训、单科培训、出国培训、短期和高级研讨班、攻读学位、国内外学术会议、国内外教学和科研合作（含合作指导研究生）、学术交流等。

第三，强化高等职业院校青年教师的岗前培训。这要求政府要制定严格的高职院校青年教师资格认定制度，要为高职院校青年教师参与岗前培训做严格的审核，还要适当加入教学实践环节和社会实践活动。

第四，开展高职院校青年教师知识更新与拓宽培训。为了适应社会需求的高技能性人才，高职院校青年教师还必须不断地拓宽知识面，不仅要有扎实的理论基础，还要有丰富的实践经验和解决实际问题的能力，使自己的知识结构从“单一型”向“复合性”转变。[①] 这一套完整的高职院校青年教师培训体系不仅需要政府投入足够的经费作为保障，还要求在该方面建立管理队伍，使这些规划切实落实到教师身上，以发挥最大的培训效用。这些不同形式、不同功能的培训能够从各个层次、个体需要来为教师提供帮助和服务，为教师专业发展提供了良好的支持。

8.3.1.5 加强教师学历提升路径建设

高职院校青年教师学历提升路径建设不仅包括从招聘上进行把握，还要从在职教师的学历提升上做工作。从 2019 年起，职业院校教师原则上从具有 3 年以上企业工作经历并具有高等职业院校以上学历的人员中公开招聘，特殊高技能人才（含具有高级工以上职业资格人员）可适当放宽学历要求，2020 年起，基本不再从应届毕业生中招聘。在此基础上，鼓励和支持高职院校青年教师参加学历培训。政府要进一步加大“高职院校青年教师学位提升计划”的力度，投入专项经费，制定相关政策，使更多的高职院校青年教师有机会提升自我的学历水平。

8.3.1.6 提升教师社会地位

高职院校青年教师社会地位不高、工作压力大、职业成就感缺乏，这

① 刘红梅．应用型本科院校英语专业应用型人才培养的探索与思考——以嘉应学院为例 [J]. 嘉应学院学报，2016，34（1）：70-73.

些因素都影响他们的核心能力素质提升的动力。提升高职院校青年教师社会地位可以提升高职院校青年教师的职业认同感和职业幸福感，让高职院校青年教师更加有内在动力去提升自我的核心能力素质。在高等职业院校中，高职院校青年教师社会地位的提升也能促进高职院校青年教师核心能力素质的发展。

总而言之，在高职院校青年教师核心能力素质提升的进程中不能忽视政府的宏观调控，合理而有效的宏观管理不仅可以为高职院校青年教师核心能力素质提升提供保障，还能够将其提升到我国教育事业的战略地位上来，从而使高职院校青年教师核心能力素质提升成为高等职业院校和高职院校青年教师长远发展的目标。

8.3.2 中观上学校提供组织支持

高职院校青年教师作为高等职业院校院校中的重要师资，其核心能力素质的提升离不开学校层面的支持。结合本研究质性研究的结果和高职院校青年教师核心能力素质的影响因素的实证研究的结果，我们可以看出学校层面可以提供学校制度、高职院校青年教师专业发展组织、教师成长平台、评聘制度等方面支持。这些学校方面的支持有助于促进高职院校青年教师更顺利、更有效地实现核心能力素质提升的目标。

8.3.2.1 建立健全的学校制度

学校制度是指以教育观为指导，学校依法民主、自主管理，能够促进学生、教职工、学校、学校所在社区的协调和可持续发展的一套完整的制度体系。为促进高职院校青年教师核心能力素质的提升，学校可以从学校层面进行积极引导，制定以奖励为主的考评制度，促进教师更加主动的自我提升。针对高职院校青年教师核心能力素质提升制定的各种制度和政策以及为其建立的各种组织机构都是为高职院校青年教师提供支持和帮助，都是为其专业发展能够取得理想的收效保驾护航。[①]学校要坚持“以人为本”的原则，引导学校推行民主管理，确立教师的主人翁地位，充分发挥教师的主动性、积极性和创造性。首先，让教师认识到自己劳动的价值，鼓励教师参与学校的管理和决策，发挥教师的创造潜能，以高度的责任感激发

① 陈庆文，曾柏森．论教师本位的教师专业发展——基于存在主义的视角[J]．成人教育，2013，（3）：49-51.

其创造活力，为高职院校青年教师核心能力素质的提升创造开放的制度氛围；其次，学校管理者要确立服务意识，时时处处为教师着想，为教师办实事，为高职院校青年教师核心能力素质的提升创造机会；此外，建立宽松和谐的人际环境，以宽容的精神理解、相信教师也是高职院校青年教师核心能力素质得以发展的前提。

同时，高职院校青年教师核心能力素质的提升离不开高等职业院校的资金投入。所以在学校层面首先要建立针对教师专业发展的专项经费及制定经费使用制度。高等职业院校无法为教师的专业发展提供充足的经费保障，一直是阻碍我国高等职业院校教师核心能力素质提升进程的因素之一。因为，高等职业院校普遍没有设置专门针对这项工作的专项经费投入，或者将其他的经费、教师奖金等同于这项经费，这不仅使教师的核心能力素质提升计划不能按时进行，还会削弱教师对核心能力素质提升的积极性。[①]高职院校青年教师核心能力素质提升是一个高职院校青年教师全面的发展，不是教师个体能够独立完成的，它需要各个相关部门和组织的配合，也需要完善的制度和政策来制约。所以高等职业院校需要成立专门的教师核心能力素质提升基金。这项基金的使用一定要体现专款专用的原则，即为促进高职院校青年教师专业发展而专项使用。这项基金的来源可以包括国家和政府拨款、高等职业院校院校自主拨款、社会捐赠等多样化形式，目的就是为高职院校青年教师核心能力素质提升提供更佳优越的条件。

8.3.2.2 建立高职院校青年教师专业发展组织

在高等职业院校内部建立系统完善的高职院校青年教师专业发展组织。高职院校青年教师专业发展组织设立的目的就是为了能够在高职院校青年教师实现核心能力素质提升上提供尽可能多的帮助和引导。该组织通过定期组织高职院校青年教师培训、高职院校青年教师间的交流合作等多种方式，使得高职院校青年教师可以通过该组织就可以获取到最为前沿或者最为专业、完善的教学理念、技能等等。同时，系统、完善的高职院校青年教师专业组织还应当为教师专业化发展提供内容、发展方式、职业规划等多方面的指导和支持。从而引导高职院校青年教师有步骤、有计划的逐步实现核心能力素质的提升，以此强化高职院校青年教师核心能力素质

① 盛莹．转型期应用型本科院校中青年教师专业发展路径探讨［J］．现代经济信息，2015，（18）：411-411，452.

结果的科学性、合理性。这类组织的建立，对于促进教师专业化发展、引导教师朝向更为专业、科学方向发展具有重要促进作用。

同时高职院校青年教师专业发展组织可以构建高职院校青年教师专业学习共同体。形成高等职业院校教师范畴内的专业学习共同体、打造专业化的教师队伍，对于我国高等职业院校教师核心能力素质提升意义重大。专业学习共同体是以教师集体知识支撑教师个体知识的拓展。教师们通过合作的方式，能够丰富教学、实践方面的知识量以及相关经验。将我国高等职业院校教师专业发展组织打造为一个“学习共同体”符合高职院校青年教师核心能力素质提升需求，同时也能够优化高职院校青年教师人力资源配置，提高高等职业院校师资质量，为全面推动中国高等职业院校教师核心能力素质提升提供组织、人才保障。从学校层面上说，作为“专业学习共同体”的运行单位，应当对原有的教师学习活动以及相关架构进行优化，依据学科、领域的不同，建立教师合作、交流服务平台，从而为教师参与学习共同体活动提供制度、组织以及服务上的保障。在专业学习共同体打造上，注重教师个人实践的分享，通过教师互相分享自己的教学经验、教学资源以及共同进行教学反思等方式，使得教师在平常教学、科研中遇到的问题，可以在他人分享的经验中获得解决思路或者方法。通过这种彼此分享的方式，使得专业学习共同体成为知识、经验以及智慧分享平台，成为教师专业化发展源源不断的灵感、知识源泉。

高职院校青年教师专业发展组织还可以组织高职院校青年教师的培训活动，一方面既能够更为科学合理的安排同专业、同领域教师的培训；另外还可以开展多样化培训，满足教师们对于知识、技术以及经验的获取需求。可以说，专业组织实施的个性化、多样化培训，能够真正起到培训的目的，可以有效地促进教师核心能力素质的提升，否则就很难调动教师参加培训的积极性，很难使培训工作具有很强的针对性，从而阻碍高职院校青年教师核心能力素质提升的进程。同时，该组织应该为高职院校青年教师提供充分的资源和扶持，当教师在自我核心能力素质提升过程中遇到无法解决的问题或者陷入发展困境时，能够为其提供职业规划、知识结构扩展、信息服务以及经验借鉴等一系列的帮助和引导。这样高职院校青年教师在核心能力素质提升过程中才能有动力、有信心地一直坚持下去。从国外发展经验上看，西方发达国家通过创建高职院校青年教师核心能力素质组织负责高等职业院校教师核心能力素质提升，一方面激发了教师核心能力素质提升的积极性，同时也极大地提高了教师专业化发展水平。所以说对于我国高校的实际情况而言是十分值得借鉴的。

8.3.2.3 建立教师成长平台

针对高职院校青年教师成长平台的设置，其目的就在于能够拓展教师专业发展的范围，学校作为教师专业化发展组织构成的中介，其中所扮演的就是搭建一个高等职业院校教师与社会联结的平台。组织要由具有较强的专业能力的教师、专家所负责运作，与社会上的企业共同商定实践和服务的范畴和时间，目的是希望企业为教师的实践提供平台，而教师在实践的过程中又能服务于企业，达到双赢的目的。[①] 高等职业院校教师专业化发展组织能够结合组织内教师专业类型提供个性化的服务，以此使得每一位参与教师成长平台的教师都可以获得所擅长领域实践能力水平的进一步提高。唐智彬、石伟平从校企合作支撑模式来对教师专业发展进行研究，分析了推进校企联合职业教育教师专业发展支撑模式的策略：一方面从制度层面对校企联合支撑模式予以确认，强调制度建设和明确各方责任；另一方面引导教师充分参与到专业发展计划中来，并积极引导教师之间的合作[②]。

8.3.2.4 建立有效的评聘制度

高等职业院校应当建立完善的教师核心能力素质评价体系。因此，对高校教师核心能力素质实施评价就是为了能够对教师专业发展过程中出现的各种情况和问题进行积极的反馈，这不仅能够使相关的制度和政策更加健全，使教师专业发展的组织机构更加完善，其最终目的是使教师专业发展能够内化到教师个体行为之上并且行之有效。缺乏对高职院校青年教师专业发展的评价是我国高等职业院校中普遍存在的问题，这是由于高职院校青年教师专业发展在我国发展的时间太短，高职院校青年教师没有对教师专业发展引起足够的认识等原因造成的，因此被忽视了其评价的重要性。但是，对教师核心能力素质实施评价是至关重要的，它是一把无形的“双刃剑”，即对教师专业发展的成效进行判定，也是激励教师的重要途径。

---

① 刘龙．地方新建本科院校教师队伍管理研究——以河套学院为例 [D]. 内蒙古师范大学．2014.

② 唐智彬，石伟平．职业教育教师专业发展的校企联合支持模式初探 [J]. 教育与职业，2009（2）：13-15.

8.3.3 微观上教师进行自我提升

高职院校青年教师自身是高等职业院校教师核心能力素质提升的内部驱动力，高职院校青年教师核心能力素质的影响因素的实证研究中也可以看出，高职院校青年教师核心能力素质的影响因素有三个维度是涉及高等职业院校教师层面的影响因素：教师内在动机、教师外在能力、教师身体家庭支持。其中，教师内在动机包括高职院校青年教师的职业认同、职业道德、动机兴趣、自我效能、终生学习理念和教育理念六个方面；教师能力素质主要包括高职院校青年教师的管理能力、科研能力、职业生涯规划、实践能力和教学能力五个方面；教师身体家庭支持，主要包括高职院校青年教师的工作家庭冲突、精力充沛、身体健康和工作时间四个方面。下面我们就从三个大的方面进行阐述教师如何从这些影响因素上提升高职院校青年教师核心能力素质。

8.3.3.1 从高职院校青年教师内在动机上提升

高职院校青年教师的内在动机主要包括职业认同、职业道德、动机兴趣、自我效能、终生学习理念和教育理念。因此如何提升高职院校青年教师核心能力素质可以从提升高职院校青年教师内在动机上入手，具体包括提升高职院校青年教师的职业道德、提升高职院校青年教师的职业认同、提升高职院校青年教师的动机兴趣、提升高职院校青年教师的自我效能、树立高职院校青年教师的终生学习理念以及提升高职院校青年教师的教育理念。

1. 提升职业道德

职业道德是人们在工作过程中应该遵守的道德规范以及形成的道德思想，是影响甚至决定人们工作状态以及工作成绩的重要因素之一。良好的职业道德观念是教师必须具备的最基本的素质。教师职业道德水平的高低直接影响其教学水平以及实际教学效果。教师职业道德水平越高，其教学水平以及教学质量越高，对培养学生优秀品质的积极影响越大；反之，教师职业道德水平越低，对学生形成正确人生价值观的消极阻碍作用越大。[①]高职院校青年教师的职业道德可以融入并影响高职院校青年教师的每一个

① 承小贤．高等职业院校教师职业道德建设对策分析［J］．现代职业教育，2019，(3)：40-41.

工作环节中，比如对待学生的态度、课堂教学方案的设计、班主任工作等。因此，提高高职院校青年教师职业道德水平不仅是提高高职院校青年教师教学效果的基础，也为建设良好校风提供基本的保障。同时，高职院校青年教师可以从把握高等职业院校发展规律出发，清晰认识到高等职业院校办学主旨及其与教师专业发展之间的联系，在全面提高理论知识以外，还要自觉加强职业道德修养，从而使得自身所具备的素质、技术、能力、德行更加符合专业化发展要求。

2. 提高职业认同

温艳红将职业认同定义为个体对自己所从事的职业从心底里接受和认可，并对职业的各方面都能够做出积极的感知和评价。[①]赵联认为职业认同指的是个体在认识和了解职业的性质、功能和意义的基础上，从心理上接受自己的职业身份、认同和遵守职业道德与职业规范，并对职业的未来发展充满信心。[②]可见，职业认同对高职院校青年教师展业发展能力提升的影响，只有高职院校青年教师对自己所从事的教育教学工作从心底里接受和认可了，接受了自己的职业身份，才能更加热情地投入到专业发展中去。培养高职院校青年教师的职业认同，可以让教师在教学共同体中形成了共同的发展目标和愿景。这种目标和愿景涉及高等职业院校、学生以及个体和整个社会。而在共同体愿景、目标的吸引下，高职院校青年教师就会将组织看作自己在职业发展、心灵上的归属，以此能够提高高等职业院校教师职业归属感、幸福感，提升其核心能力素质。

3. 提高动机兴趣

高职院校青年教师的动机兴趣是高职院校青年教师核心能力素质提升的内在动力。一个人只有对自己专业发展提升有兴趣和提高的动力，才会将自己的时间精力投入进去，进而才有提升的可能。高职院校青年教师的动机兴趣是教师专业发展的重要内在推动力，对教师的职业能力发展和工作绩效提升具有重要作用。顾爱怡从教师专业发展的内在主体动力出发，认为“对幸福感的追求”乃是高职院校青年教师专业发展与主体性发展协

① 温艳红．成人高校教师职业认同现状调查与分析 [J]. 继续教育研究，2009：42-45.

② 赵联．高校思想政治理论课教师职业认同状况调查研究 [J]. 教育学术月刊，2014：92-96，106.

同构建的价值，分析了高职院校青年教师专业发展中主体性缺失的现状，从而提出高职院校青年教师专业发展与主体性发展协同构建的途径，包括：教师的自我反思、教师科技人文知识与专业知识的融合更新、加强教师专业发展管理等。[①]因此，提高高职院校青年教师进行专业发展的动机和兴趣，提升高职院校青年教师专业发展与主体性发展协同发展，能够有效促进高职院校青年教师核心能力素质的提升。

4. 提升自我效能

自我效能是班杜拉提出的概念，是指“个体对自己是否有能力来完成某一行为的推测和判断，这种推测和判断就是个体的自我效能感”。[②]张红和郭田友认为，自我效能感是指“个人对自己在特定情境中是否有能力去完成某个行为的期望，其建立在个体对自己行为能力的认知评估的基础上并影响个体目标的确立、行为的选择和坚持性”。[③]西南大学的狄敏、黄希庭，张志杰等人认为“教师的职业自我效能感是教师对自己完成教学任务、积极影响学生学习行为和学习成绩能力的信念，也是教师教学是否能引起学生成功学习和个人满足的一种知觉，在教师的教育观念中处于核心的地位”。[④]可见，教师的职业自我效能感的高低不仅会影响自己的工作效率而且会影响学生的学习效果。因此，高职院校青年教师应当提升自身的教学水平和自身能力，培养积极的教学信念，进而提升自身的自我效能。

5. 树立终生学习理念

树立高职院校青年教师的终生学习理念，通过养成终身学习的习惯来保障高职院校青年教师核心能力素质提升的长期性。随着科学技术水平的不断发展，推动者各个学科、专业知识的更新和进步，而高职院校青年教师作为人才培养、知识传递的媒介，只有及时掌握和更新自己的知识体系，

① 顾爱怡．高等职业院校教师专业发展与主体性发展协同构建［J］．合作经济与科技，2010（4）：115-116.

② 彭聃龄．普通心理学［M］．北京：北京师范大学出版社，2004.

③ 张红，郭田友．高等职业院校教师职业自我效能感现状研究［J］．当代职业教育，2018，（3）：81-86.

④ 狄敏，黄希庭，张志杰．试论职业自我效能感［J］．西南师范大学学报：人文社会科学版，2003（5）：22-26.

才可以为学生提供最新、最先进的技术与知识。因此，高职院校青年教师在这样的发展环境下，就必须要养成终生学习、不断学习的习惯，才能够适应、满足时代发展需要。同时树立终身学习的理念，不断地进行新知识的学习，才能够保障教学效果、才能够将自己塑造成为真正的专业化教师。我国政府一直致力于打造学习型社会，终身学习是每一位公民的权利，同时也是个体主观学习的一种诉求。高职院校青年教师在核心能力素质提升上，要对学习型社会下的这种终身学习权利、主动学习诉求形成明确认识，只有这样，才可以充分激发学习积极性，才能够达到预期的学习目标。

高职院校青年教师个体学习具有个性化、多样化特征，主动性和自主性是终身学习的重点。所以高职院校青年教师在终身学习过程当中，应当依据自身需求、专业化发展个性化特点，选取相应的渠道、方式去获取相应的知识，当然这些途径、手段是多样化的，只有这样才可以使得教师获取多元知识、形成更为丰富的知识体系，提升核心能力素质。“终身学习”是时代赋予高校教师新的使命和任务，这对教师核心能力素质提升的意义重大，是实现核心能力素质提升的最佳途径。高职院校青年教师只有在教学生涯中不断地学习和探索，才能不断更新知识储备进而紧跟专业领域的科研步伐，才有利于塑造专业自信。

6. 提升教育理念

教师本身的观念、教学理念以及对于所在专业的看法，都会影响教师核心能力素质提升的效果。因此，在促进教师核心能力素质上，高职院校青年教师首先要形成科学的教师专业发展意识、保持良好的自我发展积极性，以此为促进其实现专业发展目标提供基础。教师专业化发展意识形成的前提是教师本身现实上的各类需求。换言之，教师在自我发展以及教育职业发展上所存在的各类需求，通过系统、理论化转变以后，形成独特的专业化发展意识，而这种意识往往能够引导教师了解和实践如何更好地实现和满足自己所预想的发展规划与需求。

高职院校青年教师应该更新原有观念，树立与时俱进的新观念。教师核心能力素质这一概念进入到我国时间较短，所以在促进教师核心能力素质提升上，需要深入了解教师专业化发展内涵，进而为实现教师专业化发展提供基础。高职院校青年教师应当加强实践，在不断地教学与科研实践过程当中，深入挖掘核心能力素质的内涵，以此逐步更新自我意识，进而树立符合高等职业院校发展、教师专业性发展相符的发展新观念。

8.3.3.2 从高职院校青年教师能力素质上提升

高职院校青年教师的能力素质主要包括：高职院校青年教师的管理能力、科研能力、职业生涯规划、实践能力和教学能力。如何提升高职院校青年教师核心能力素质可以从提升高职院校青年教师能力素质上入手，具体分析如下：

1. 提升管理能力

高职院校青年教师在日常的工作中会涉及一些管理工作，如工作团队的管理、班主任的班级管理工作、一堂课程的课堂管理。这些都涉及高职院校青年教师的管理能力。如果高职院校青年教师的管理能力不高，势必会减弱高职院校青年教师核心能力素质。拿课堂管理能力来说，管理课堂的能力是高职院校青年教师教学中的一项综合能力，是高职院校青年教师基本素质的集中体现。提高高职院校青年教师管理课堂的能力，是高等职业院校学校保证教学质量，也是培养更多合格学生的关键。要加强高职院校青年教师的管理能力，首先需要教师有管理的意识，学习管理的思想和技巧，只有这样才能事半功倍，提高管理的效率。同时，高职院校青年教师还需要加强自我的管理，经常进行工作反思，在反思中总结经验和教训，加强自我的时间管理，发展自我的核心能力素质。①

2. 提升科研能力

高职院校青年教师应当积极开展科研，促进专业教学水平的提高。随着科学技术发展和企业技术更新，高职院校青年教师需要关注专业新知识点、新技术等发展前沿。通过科研，教师可以及时更新自己专业知识，并将最新知识、方法、技术纳入教学内容中，有利于教师质量的提高。其措施是完善教科研激励机制，为教师营造浓厚的科研气氛，鼓励教师积极申报课题与专利，撰写与发表高质量论文，出版专著；教师通过不断教科研，探索教学重难点问题，把握教学规律，促进教学水平提高；加强科研平台建设，加大设施设备投入，深化校企合作，将教、科研与产业发展紧密相连，激发教师科研。② 对于高职院校青年教师个人来说：

① 张雪黎．高职院校青年教师专业能力现状及发展对策［J］．江西青年职业学院学报，2016，26（02）：27-31.

② 孙连连，曾青兰．高职“双师型”教师队伍专业教学水平的提高策略研究［J］．宿州教育学院学报，2017，20（02）：75-76，78.

一方面积极关注自身专业领域的新知识新发现，时刻保持在专业领域的与时俱进；另一方面积极地与教学过程和企业实践结合起来，从教学和实践中探寻科研方向。在进行科研的过程中锻炼高职院校青年教师发现问题、解决问题的能力，从而让高职院校青年教师在科研能力提升的过程中加快核心能力素质的提升。

3. 提升职业生涯规划能力

高职院校青年教师的职业生涯规划能力是促进教师核心能力素质提升的重要保障。职业生涯规划是指组织与个人共同制定、基于个人和组织方面需要的个人发展目标与发展道路的活动。教师专业发展是一个连续不间断的发展过程，只有进行有效的职业生涯规划，在职业生涯发展过程中贯穿高职院校青年教师的核心能力素质提升，才是长久之计。高职院校青年教师的职业生涯发展规划的构建，可以帮助高职院校青年教师树立自我发展意识，挖掘高职青年教师专业发展的潜力，为教师专业发展提供持续的动力，从而维持教师专业发展的健康持久发展，其蕴含的教师的专业承诺和自我效能感是让教师专业发展规划产生上述功效的原因。

加强高等职业院校教师职业生涯规划，可以通过明确教师未来规划的方式，对其实施正确的引导。高职院校青年教师个人专业发展规划一般有五项步骤：首先是高职青年教师需要进行自我评估，主要包括对自己的需求、能力、兴趣、性格、气质等的分析，以了解自己适合与喜好的专业方向；其次是高职青年教师需要进行生涯机会评估，通过对社会和学校环境的分析，结合本人的具体情况，评估自己的专业生涯发展机会；第三是高职青年教师需要进行专业发展目标设定，即个人在了解自己与环境的状况后，拟定专业发展目标，这当中可以请上级给予协助与建议；第四是高职青年教师需要制定行动方案，以使所制的目标能够顺利实现，即把目标转化成具体的方案和措施；第五是专业发展规划的反馈与修正，其内容包括：专业发展方向的重新选择，生涯路线的选择，人生目标的修正，实施策略路线的变更等。①

4. 提升高职院校青年教师的实践能力

高职院校青年教师的实践能力是高职院校青年教师核心能力素质的重

① 庄建东．新建本科院校教师专业发展研究［D］．山东师范大学，2009.

要支撑。高职院校青年教师的实践能力是教师在专业中的实践水平与职业素养，需要对企业实践的了解和对专业的高度认知，还要掌握专业技能和相关技术。高职院校青年教师可以通过顶岗锻炼来提升自己的实践能力。[①]同时，高职院校青年教师可以参加专业实践能力的提升型培训，通过专项培训认识到本专业所对应的行业在社会经济发展中的作用，了解并熟悉行业一线工作以及行业工作对所需人才在素质、知识、能力方面的要求，提升教育教学质量。同时，工学结合也是提升高职院校青年教师实践能力的重要途径。朱正平以工学结合的视阈来研究高职院校青年教师专业发展，阐述了工学结合与教师专业发展的关系，工学结合促进高职院校青年教师专业发展的原因以及工学结合促进高职院校青年教师专业发展的途径等几个方面。[②]总之，高职院校青年教师发展以职业需求为导向、以实践能力培养为重点、以产学研用结合为途径的培养模式，可见高职院校青年教师实践能力的重要性。

5. 提升教学能力

教学是高等职业院校培养技能型人才的主要途径。高职院校青年教师应该充分认识到教学在高等职业院校活动中的重要地位，意识到提高教学水平是高职院校青年教师专业发展的应有之意，并采取相应的策略来提升教学水平。高职院校青年教师要继续强化基础知识学习研究，拓展自身知识结构，从而运用自身广泛的知识面引导学生形成发散性思维、创新探究能力，进而为其形成深度思考与分析能力提供发展基础。教学能力不仅包括教学设计方面需要设计精巧、效果良好的教学活动，在课后还需要对教学活动进行反思。教学反思是高职院校青年教师根据“问题”进行系统的反思和探究，用以提高自己教学的质量和水平。通过教学反思带动高职青年教师的教学成长，促进高职青年教师的教学成长，核心是增强教师的反思能力。教师通过积极反思，可以重新认识和定位自己的角色，充分发挥教学者的作用，从而在教学实践的过程中不断地体会、追问和总结，逐步摸索出教学的规律，提高教学能力。

---

① 夏筱川．高职教师专业实践能力提升研究［J］．湖北成人教育学院学报，2019，25（02）：15-17.

② 朱正平．工学结合视阈下的高等职业院校教师专业发展［J］．职业技术教育，2009（16）：59-62.

8.3.3.3 从高职院校青年教师身体家庭支持上提升

高职院校青年教师身体家庭支持主要包括高职院校青年教师的工作家庭冲突、精力充沛、身体健康和工作时间四个方面。因此，如何提升高职院校青年教师核心能力素质可以从提升高职院校青年教师身体家庭支持上入手，具体包括有效平衡高职院校青年教师的工作和家庭、保持高职院校青年教师的精力充沛、保持高职院校青年教师身体健康、保证高职院校青年教师的有效工作时间。

1. 有效平衡高职院校青年教师的工作和家庭

工作和家庭在高职青年教师的日常生活中，是非常重要的两个领域，支撑着高职青年教师的整个生命历程。工作—家庭的冲突主要有两种表现形式：一个表现方式是个人的时间在工作领域和家庭领域的分配；另一方面是指在工作领域因为压力而导致的过度紧张、焦虑、郁闷以及冷漠等，会引发与家庭成员之间的关系紧张，这就是压力引发的工作—家庭冲突。要做好工作和家庭的平衡工作，需要高职院校青年教师本人综合考虑自己的未来发展计划和职业规划。综合考虑高职院校青年教师的职业特点以及家庭的不同发展阶段的特征，制定与之相对应的目标，然后再根据具体的目标来进行实践，按照计划来对不同时期的职业发展与家庭发展的次序作出调整，根据实际情况来随机应变，进行快速而合理的工作和家庭角色变换，将二者之间的冲突降至最低并控制在合理的范围之内。①

2. 保持高职院校青年教师的精力充沛

高职院校青年教师精力充沛是高职院校青年教师核心能力素质提升的精力保障。只有高职院校青年教师有充沛的精力，才能更有效地进行工作投入。高职院校青年教师工作的投入是指教师对本职工作的积极主动态度和热爱程度。教师的工作投入不仅影响自身的工作绩效及专业发展，更影响学校教育质量及学生的健康成长。②让高职院校青年教师保持精力充沛，首先，要有对职业和专业的认同和热爱，同时还要有健康的身心作为身体保证，其次，还要有良好的工作学习习惯。只有保持精力充沛，才能为工

① 李晨．如何平衡教师工作—家庭角色冲突［J］．人力资源管理，2013（12）：189.

② 盛建森．教师工作投入结构与影响因素的研究［J］．心理发展与教育，2006（02）：109-112.

作投入提供精力支持，进而促进高职院校青年教师核心能力素质的提升。

3. 保持身体健康

高职院校青年教师身体健康是高职院校青年教师核心能力素质提升的身体保障。身体是革命的本钱。教师拥有健康的身体是教育教学工作的基本保障，教师的职业特点决定教师必须具备健康的身体素质，身体健康是做教师的基本要求。身体健康是教师应具备的素质，是做好教育教学工作的重要保障和有力支撑，是教师素质的一个重要组成部分。高职院校青年教师只有拥有一个健康的身体，才能有更多的精力投入到核心能力素质提升上来。如果一个高职院校青年教师身体不健康，经常处于生病状态，就会导致该教师会把精力更多地放在身体上，而没有更多的精力放在专业发展上。可见，身体健康对于高职院校青年教师核心能力素质提升的重要性。

4. 保证有效工作时间

有效的工作时间是高职院校青年教师核心能力素质提升的时间保障。时间对于每一个人来说都是公平的，能不能在一样多的时间里取得比别人更多的成就，关键看能不能有效地利用时间，高职院校青年教师也不例外。保证有效的工作时间，首先，需要高职院校青年教师进行一定的工作时间规划，如可以利用整片的时间进行科研学术活动，利用碎片化的时间思考教学问题等。其次，需要弹性按照工作时间规划进行执行。仅有计划没有执行还不如没有计划，因为没有执行的计划会给人带来焦虑和不安。只有执行的计划才具有生命力。同时，执行的时候需要结合实际情况进行弹性处理，这样即保障了一定的工作时间，又能够应对无时无刻不在的变化。总之，只有保障有效的工作时间，才能实现高职院校青年教师专业发展的能力提升。

8.4 本章小结

本章主要探索高职院校青年教师核心能力素质提升的路径。首先，从国家层面、学校层面、教师个体层面和学生层面来阐述高职院校青年教师核心能力素质提升的必要性。其次，从发展性原则、系统性原则、实践性原则和以人为本原则四个方面来阐述高职院校青年教师核心能力素质提升的原则。最后，从宏观上政府提供制度支持、中观上学校提供组织支持以及微观上教师进行自我提升三个方面进行阐述高职院校青年教师核心能力素质提升的路径。在探索高职院校青年教师核心能力素质提升的路径上主要基于本研究进行的高职院校青年教师核心能力素质的影响因素的实证研究的结果。

参考文献

[1]Charlotte Danielson，Thomas L.McGreal. 教师评价提高教师专业实践能力 . 陆如萍，唐悦，译 . 北京：中国轻工业出版社，2005.

[2]Bissschoff T，Grobler B.The Management ofTeacher Competence[J].Journal of In-Service Education，1998，24（2）：191-211.

[3]Bruce Louis Rich，Jeffrey A. Lepine，Eean R. Crawford. Job Engagement：Antecedents and Effects on Job Performance[J]. The Academy of management journal , 2010,53(3):617-635.

[4]Coralia Sulea，Delia Virga，Laurentiu P. Maricutoiu，Wilmar Schaufeli，Catalina Zaborila Dumitru，Florin A. Sava. Work engagement as mediator between job characteristics and positive and negative extra-role behaviors[J]. Career Development International,2012,17(3).

[5]David C.McClelland.Testing for competence rather than for "intelligence."[J]. American Psychologist，1973，28（1）：1-14.

[6]Dineke E.H. Tigelaar，Diana H.J.M. Dolmans，Ineke H.A.P. Wolfhagen，Cees P.M. van der Vleuten. The Development and Validation of a Framework for Teaching Competencies in Higher Education[J].Higher Education, 2004, 48(2):253-268.

[7]Eisenberger R，Cummings J，Armeli S，Lynch P. Perceived organizational support，discretionary treatment，and job satisfaction.[J] Journal of Applied Psychology,1997,82(5):812-820.

[8]EisenbergerR.Perceived organizational support.Journal of Applied Psychology，1986，71（3），500-507.

[9]Eisenberger，Robert，Huntington，Robin，Hutchison，Steven，Sowa，Debora. Perceived organizational support.[J]. Journal of Applied

Psychology.1986,71(3).500-507.

[10]Fuller F F.Concerns of Teachers：A Developmental Conceptualization [J]. American Educational Research Journal，1969，6（2）：207−226.

[11]Jo−Anne Dillabough. Gender Politics and Conceptions of the Modern Teacher：Women，Identity and Professionalism[J]. British Journa l of Sociology of Education,1999,20(3):373-394.

[12]Lodahl T M，Kejner M. The Definition and Measurement of Job Involvement.[J]. The Journal of applied psychology，1965，49.

[13]Manning，R. C.The teacher evaluation handbook：step−by−step techniques and forms for improving instruction[M]. Englewood Cliffs. N.J. Prentice Hall,1988.

[14]Margaret C. Wang. Adaptive Instruction：Building on Diversity[J]. Theory into Practice，1980，19（2）.

[15]Michael Samuel，David Stephens. Critical dialogues with self：developing teacher identities and roles — a case study of South Africa.Internatiunal Journal of Educational Research,2000,33(5):475−491.

[16]Streifer Philip A.，Iwanicki Edward F.. The validation of beginning teacher competencies in connecticut[J]. Journal of Personnel E- valuation in Education,1987 (1) : 33 - 55.

[17]Wayne S J， Shore L M， Liden R C.Perceived Organizational Support and Leader −Member Exchange： A Social Exchange Perspective. Academy of Management Journal，1997，40（1）：82−111.

[18]Wilmar B. Schaufeli，Marisa Salanova，Vicente González−romá，Arnold B. Bakker. The Measurement of Engagement and Burnout：A Two

[19] 鲍广德 . 北京市高校经济管理类教师胜任力模型研究 [D]. 北京：首都经济贸易大学，2009.

[20] 蔡辰梅，刘刚 . “教师是一种良心活”——对教师职业认同方式的分析与反思 [J]. 教师教育研究，2010，22（01）：6−11.

[21] 曹月新，张博伟 . 高校教师教学能力培养问题研究 [J]. 东北师大学报（哲学社会科学版），2016（02）：208−213.

[22] 陈斌，刘轩 . 高等职业院校教师胜任力模型的构建 [J]. 高教发展与评估，2011，27（6）：106−110.

[23] 陈锋菊，范兴华，贺春生 . 高校辅导员职业倦怠的现状及影响因素 [J].

湖南师范大学教育科学学报，2011，10（06）：82-84.
[24] 陈加洲，凌文辁，方俐洛．组织中的心理契约 [J]. 管理科学学报，2001（02）：74-78.
[25] 陈亮，张元婧．教师胜任力研究现状及未来研究方向 [J]. 人才开发，2009（1）：27-28.
[26] 陈庆文，曾柏森．论教师本位的教师专业发展——基于存在主义的视角 [J]. 成人教育，2013，（3）：49-51.
[27] 陈树，马娟，朱金富．高职教师的职业倦怠与心理控制源、应对方式 [J]. 中国心理卫生杂志，2014，28（04）：293-297.
[28] 陈向明．质的研究方法与社会科学研究 [M]. 北京：教育科学出版社，2000.
[29] 陈玉珍．高职教师需要提高哪些素质 [J]. 中国成人教育，2001（3）：47.
[30] 承小贤．高等职业院校教师职业道德建设对策分析 [J]. 现代职业教育，2019，（3）：40-41.
[31] 崔向军，马洋纳，朱小茼．高校教师工作压力与职业倦怠的相关研究 [J]. 中国健康心理学杂志，2011，19（05）：561-562.
[32] 代欢．不同教龄、学历、性别及专业性质的中学教师教学效果分析 [D]. 重庆：重庆师范大学，2016.
[33] 狄敏，黄希庭，张志杰．试论职业自我效能感 [J]. 西南师范大学学报：人文社会科学版，2003（5）：22-26.
[34] 丁岚，王成华，冯绍红．基于文献计量分析的我国高校教师胜任力研究综述 [J]. 南京航空航天大学学报（社会科学版），2015，17（1）：39-43.
[35] 董学安．高校教师心理契约及其与工作态度的关系 [D]. 广州：华南师范大学，2007.
[36] 董勇，赵天玉，李梦霞．高校青年教师现状及其培养途径 [J]. 长江大学学报（社会科学版），2010，33（05）：140-141.
[37] 范小青．高中教师心理资本、核心自我评价与工作投入的相关研究 [D]. 湖北大学，2014.
[38] 冯明生．新生代知识型员工组织公平感知对工作投入的影响研究：组织支持感的中介作用 [D]. 山东财经大学，2018.
[39] 甘怡群，王晓春，张轶文，张莹．工作特征对农村中学教师职业倦怠

的影响 [J]. 心理学报，2006（01）：92–98.
[40] 高鸿 . 新时代推进职业教育教师队伍建设的思路与路径 [J]. 中国职业技术教育，2017（34）：116–120.
[41] 高振发 . 高职教师职业认同与专业发展的相关性分析 [J]. 教育与职业，2018（19）：87–93.
[42] 顾爱怡 . 高等职业院校教师专业发展与主体性发展协同构建 [J]. 合作经济与科技，2010（4）：115–116.
[43] 郭小平，邱力 . 试论高职教师素质及其培养 [J]. 江西教育科研，2007（04）：78–79.
[44] 韩明，董学安，范丹，何先友 . 高校教师心理契约问卷的编制 [J]. 心理发展与教育，2010，26（03）：315–321.
[45] 郝天侠 . 高校教师组织支持感、组织情感承诺及组织公民行为关系研究 [J]. 西北大学学报（哲学社会科学版），2011，41（02）：173–175.
[46] 何农，杜政 . 关于高职院校实施“名师工程”的思考 [J]. 邢台职业技术学院学报，2002（3）：1–3.
[47] 何双双，汤静 . 组织支持感对医务人员职业认同度的影响 [J]. 中国医药导报，2015，12（06）：145–149.
[48] 何先应，付达杰，王利 . 校企合作模式下高职教师胜任能力模型构建 [J]. 职业技术教育，2014，35（14）：63–66.
[49] 侯奕斌，凌文辁 . 组织支持感及其改善途径 [J]. 现代管理科学，2006（11）：18–19.
[50] 胡冬艳，王浩 . 高职院校“教学名师”现状调查分析与思考 [J]. 邢台职业技术学院学报，2012，29（3）：62–64.
[51] 胡海员 . 高职院校青年教师自我导向专业发展的路径探究 [J]. 黑龙江高教研究，2012，30（6）：85–87.
[52] 胡维芳，翟友华 . 高等职业教育教师专业素质评价指标体系构建研究 [J]. 苏州大学学报（教育科学版），2019，7（4）：88–96.
[53] 胡艳琴 . 高职“双师型”教师通用胜任力模型构建研究 [D]. 苏州：苏州大学，2008.
[54] 黄喜珊，王永红 . 教师效能感与社会支持的关系 [J]. 中国健康心理学杂志，2005（01）：45–47.
[55] 黄志坚 . 谁是青年？——关于青年年龄界定的研究报告 [J]. 中国青年研

究，2003（11）：32–42.

[56] 贾艳萍 . 高职院校“双师型”教师综合素质及培养办法初探 [J]. 中国成人教育，2012（2）：83–85.

[57] 蒋玉莲 . 高职院校培养“教学名师”的体制性思考 [J]. 学术论坛，2009，32（11）：196–200.

[58] 康勇军，屈正良 . 高职院校教师心理契约与职业倦怠的关系：工作满意度的中介作用 [J]. 中国临床心理学杂志，2011，19（02）：234–236

[59] 赖富强，罗永红，夏敏全 . 高校青年教师教学能力提升的探讨 [J]. 科教导刊，2012（7）：145–146.

[60] 李晨 . 如何平衡教师工作—家庭角色冲突 [J]. 人力资源管理，2013(12)：189.

[61] 李国红，王力男 . 高校体育教师职业倦怠量表的编制 [J]. 北京体育大学学报，2008（02）：251–252，285.

[62] 李金波，许百华，陈建明 . 影响员工工作投入的组织相关因素研究 [J]. 应用心理学，2006（02）：176–181.

[63] 李静 . 中小学教师绩效薪酬感知、薪酬满意度与工作投入的关系 [D]. 安徽师范大学，2013.

[64] 李岚，刘轩 . 高职院校教师绩效评价体系设计分析——基于胜任力模型和 AHP 法 [J]. 技术与市场，2010，17（11）：167–169.

[65] 李亮亮 . 高职专业教师职业能力建设探讨 [J]. 职业技术教育，2015，36（5）：74–76.

[66] 李茂科 . 高校教师教学能力阻滞因素探析 [J]. 企业家天地，2006（03）：161.

[67] 李韧 . 高校教师教学效能感与教学效果研究 [J]. 科技信息，2006（S5）：132–133.

[68] 李宜江 . 关于大学青年教师身份与年龄界定的探究 [J]. 辽宁教育行政学院学报，2013，30（02）：75–79.

[69] 李原 . 企业员工的心理契约的概念、理论及实证研究 [M]. 上海：复旦大学出版社，2006：15–18.

[70] 廖美盛 . 中小学师范与非师范类教师职业能力比较研究——以江西省上饶市为例 [J]. 萍乡学院学报，2016，33（05）：97–101.

[71] 凌文辁，杨海军，方俐洛 . 企业员工的组织支持感 [J]. 心理学报，2006（02）：281–287.

[72] 刘畅．论高职“双师型”教师专业素质的培养 [J]. 中国成人教育，2005（11）：108–109.

[73] 刘春生，阮海涛．高职教师素质结构刍议 [J]. 教育与职业，2003（3）：6–9，19.

[74] 刘电芝．教育与心理研究方法 [M]. 合肥：安徽教育出版社，2011：150.

[75] 刘红梅．应用型本科院校英语专业应用型人才培养的探索与思考——以嘉应学院为例 [J]. 嘉应学院学报，2016，34（1）：70–73.

[76] 刘洪瑞．高校青年教师常见教学问题及解决策略 [J]. 齐齐哈尔师范高等专科学校学报，2013（03）：128–129.

[77] 刘晶，张祥兰．高职院校教师胜任力模型研究 [J]. 北京科技大学学报（社会科学版），2013（6）：68–73.

[78] 刘礼艳，刘电芝，严慧一．优秀贫困大学生心理弹性与保护性因素分析 [J]. 现代大学教育，2013（3）：66–73.

[79] 刘龙．地方新建本科院校教师队伍管理研究——以河套学院为例 [D]. 内蒙古：内蒙古师范大学 .2014.

[80] 刘肖芹．国外高校青年教师教学能力培养模式管窥——以美、英、澳、印为例 [J]. 广州番禺职业技术学院学报，2011，10（01）：59–63.

[81] 刘烨 .ZS 职业技术学院教师岗位能力素质模型的构建与应用研究 [D]. 成都：电子科技大学，2012.

[82] 刘益春，高夯，董玉琦，等．高校教师教学能力发展现状的调查研究——以某部属师范院校为例 [C].2011 高校教师发展国际研讨会论文集 .2011：133–1.

[83] 罗艺婷．浅谈影响高职教师职业认同的因素 [J]. 天津职业院校联合学报，2016，18（12）：51–54.

[84] 聂家林．高职院校教师胜任力模型的构建和综合评价 [J]. 产业与科技论坛，2013（23）：234–236.

[85] 宁赟．员工组织支持感二维结构模型研究 [C]//. 第十二届中国管理科学学术年会论文集 .[出版者不详]，2010：573–577.

[86] 牛端．高校教师胜任特征模型的构建与验证 [J]. 心理科学，2012（5）：1240–1246.

[87] 庞景安，科学计量研究方法论 [M]. 北京：科学技术文献出版社，2002.

[88] 彭聃龄．普通心理学 [M]. 北京：北京师范大学出版社，2004.

[89] 任嵘嵘，史学军，齐西伟 . 河北省高校教学型教师胜任素质模型 [J]. 中国教师，2007（S1）：154，171.

[90] 盛建森 . 教师工作投入结构与影响因素的研究 [J]. 心理发展与教育，2006（02）：109–112.

[91] 盛莹 . 转型期应用型本科院校中青年教师专业发展路径探讨 [J]. 现代经济信息，2015，（18）：411–411，452.

[92] 宋成 . 北京市特殊教育学校教师职业倦怠、教学效能感及社会支持关系的研究 [J]. 运动，2013（02）：71–73，125.

[93] 宋丹丹 . 现代职业教育背景下应用型本科高校“双师型”教师培养策略研究 [D]. 宁波大学，2020.

[94] 孙健敏，陆欣欣，孙嘉卿 . 组织支持感与工作投入的曲线关系及其边界条件 [J]. 管理科学，2015，28（02）：93–102.

[95] 孙连连，曾青兰 . 高职“双师型”教师队伍专业教学水平的提高策略研究 [J]. 宿州教育学院学报，2017，20（02）：75–76，78

[96] 孙新凤 . 关于高职院校名师培养工作的理性思考 [J]. 当代职业教育，2014（5）：103–105.

[97] 孙亚玲 . 课堂教学有效性标准研究 [D]. 上海：华东师范大学，2004.

[98] 汤舒俊，刘亚，郭永玉 . 高校教师胜任力模型研究 [J]. 教育研究与实验，2010（6）：78–81.

[99] 唐玉光教师专业发展的研究 [J]. 外国教育资料，1999，（6）：39–43.

[100] 唐智彬，石伟平 . 职业教育教师专业发展的校企联合支持模式初探 [J]. 教育与职业，2009（2）：13–15.

[101] 田喜洲，谢晋宇 . 组织支持感对员工工作行为的影响：心理资本中介作用的实证研究 [J]. 南开管理评论， 2010（1）：7.

[102] 田夏彪 . 高校教师教学能力的提升——基于国内外研究的思考 [J]. 大理学院学报，2013，12（01）：73–76.

[103] 童婧 . 高校青年教师教学能力培养研究 [D]. 长沙：中南大学，2007.

[104] 涂云海 . 基于胜任力的高职院校教师培训体系构建 [J]. 职业技术教育，2010，31（22）：56–59.

[105] 王国香，刘长江，伍新春 . 教师职业倦怠量表的修编 [J]. 心理发展与教育，2003（03）：82–86.

[106] 王海南 . 教师教学效能感的特点及影响因素的研究 [J]. 现代交际，2017（12）：1–2.

[107] 王海威，刘元芳 . 中美高校教师心理契约的比较研究 [J]. 中国高教研究，2008（03）：83-85.

[108] 王黎华，徐长江 . 组织支持感对中小学教师幸福感与工作倦怠的影响 [J]. 中国临床心理学杂志，2008，16（06）：574-575，578.

[109] 王楠 . 高校教师专业发展的现实性问题研究 [D]. 黑龙江大学，2009.

[110] 王庆辉，杨荣昌，陈敏 . 高职院校国家级教学名师的基本特征研究及启示 [J]. 中国职业技术教育，2016（36）：45-52.

[111] 王阳 . 地方高校中青年教师教学能力发展现状与对策研究 [J]. 西部素质教育，2018，4（04）：14-16.

[112] 王昱，戴良铁，熊科 . 高校教师胜任特征的结构维度 [J]. 高教探索，2006（4）：84-86.

[113] 韦雪艳，纪志成，周萍，等 . 高校青年教师教学能力影响因素与提高措施实证研究 [J]. 现代教育管理，2011（07）：75-78.

[114] 魏麟伯 . 幼师情绪智力、主观幸福感与工作投入的关系研究 [D]. 吉林财经大学，2014.

[115] 魏淑华，宋广文 . 国外教师职业认同研究综述 [J]. 比较教育研究，2005（05）：61-66.

[116] 温艳红 . 成人高校教师职业认同现状调查与分析 [J]. 继续教育研究，2009：42-45.

[117] 温忠麟，叶宝娟 . 中介效应分析：方法和模型发展 [J]. 心理科学进展，2014，22（05）：731-745.

[118] 温忠麟，张雷，侯杰泰，刘红云 . 中介效应检验程序及其应用 [J]. 心理学报，2004（05）：614-620.

[119] 吴正霞，余承海 . 独立学院青年教师教学能力的培养 [J]. 理工高教研究，2007（04）：80-81.

[120] 伍鹏程 . 审视非师范院校教师教育经验促进师范院校教师教育发展 [J]. 贵州师范大学学报（社会科学版），2010（02）：96-100.

[121] 伍玉凤 . 高职院校青年教师科研素质和能力培养中存在的问题及对策 [J]. 学术论坛，2011，34（5）：210-213.

[122] 夏筱川 . 高职教师专业实践能力提升研究 [J]. 湖北成人教育学院学报，2019，25（02）：15-17.

[123] 冼梨娜 . 高职院校卓越教师培养的价值追求与实施路径 [J]. 教育与职业，2017（10）：80-82.

[124] 向玉 . 高校青年教师教学能力的影响因素及提升策略 [J]. 教育探索，2014（12）：93–94.
[125] 肖水源 .《社会支持评定量表》的理论基础与研究应用 [J]. 临床精神医学杂志，1994（02）：98–100.
[126] 邢敏村 . 高职教师专业发展研究综述 [J]. 江苏技术师范学院学报，2010，16（10）：95–99.
[127] 熊会兵，罗东霞 . 高校教师的组织支持感、集体自尊与组织承诺关系 [J]. 经济管理，2008（13）：48–52.
[128] 熊思鹏，何齐宗 . 高校青年教师教学胜任力的调查与思考 [J]. 教育研究，2016，37（11）：126–132.
[129] 徐继红，董玉琦 . 大学教师教学能力现状调查与分析 [J]. 现代教育管理，2010（05）：76–79.
[130] 徐建平 . 教师胜任力模型与测评研究 [D]. 北京：北京师范大学，2004.
[131] 徐炬磊 . 应用型本科院校人才队伍建设面临的挑战与路径选择——以浙江为例 [D]. 宁波大学，2014.
[132] 徐玲 . 青年教师教学能力影响因素与培训模式创新 [J]. 现代教育科学，2009（03）：151–153.
[133] 许艳营 . 心理契约、工作满意度与高校教师职业倦怠的关系研究 [D]. 郑州：河南师范大学，2014.
[134] 续润华，朱守宏 . 发达国家高等学校教师在职培训的经验及其启示 [J]. 外国教育研究，1994（02）：25–29.
[135] 杨华 . 高职院校青年教师科研能力现状调查与提升策略 [J]. 教育与职业，2015（10）：62–64.
[136] 杨良根 . 高职院校专业教师实践能力素质现状调查与分析——以江西省高职院校数控技术专业为例 [J]. 中国成人教育，2010（19）：112–114.
[137] 杨小玲，廖春斌 . 高校青年教师教学能力研究述评 [J]. 宁波大学学报（教育科学版），2016，38（06）：90–94.
[138] 姚蓉 . 高校教师胜任力模型构建初探 [J]. 科技情报开发与经济，2008，18（30）：186–189.
[139] 叶鹰 . 文献计量法和内容分析法的理论基础及软件工具比较 [J]. 评价与管理，2005（3）：24–26.
[140] 于畅 . 高校青年教师教学能力影响因素探析 [J]. 航海教育研究，

2015，32（04）：65–68.
[141] 余承海，姚本先 . 论高校教师的教学能力结构及其优化 [J]. 高等农业教育，2005（12）：53–56.
[142] 余江 . 中职学校教师人力资源开发研究 [D]. 南昌：南昌大学，2021.
[143] 俞国良，辛涛，申继亮 . 教师教学效能感：结构与影响因素的研究 [J]. 心理学报，1995（02）：159–166.
[144] 俞亚萍，刘礼艳 . 高职院校教学名师能力素质模型建构 [J]. 中国职业技术教育，2019（33）：86–92.
[145] 俞亚萍，刘礼艳 . 我国高职教师能力素质研究综述——基于文献计量和 CiteSpace 分析 [J]. 职教论坛，2017（32）：5–9.
[146] 俞亚萍 . 高职院校教学名师能力素质模型构建及应用研究 [D]. 南京：南京师范大学，2020.
[147] 袁红梅，张珊明，王小凤，沈丹 . 高校教师职业倦怠量表的初步编制 [J]. 中国临床心理学杂志，2009，17（06）：690–692.
[148] 张斌，邱致燕，李昂 . 护士组织支持感与职业认同对组织公民行为的影响 [J]. 南昌大学学报（医学版），2015，55（03）：86–90.
[149] 张大良，纪志成，周萍 . 高校青年教师教学能力的评价体系与影响因素研究 [J]. 贵州社会科学，2009（09）：91–96.
[150] 张广红 . 高职院校“双师型”教师素质的提高 [J]. 教育理论与实践，2010，30（15）：46–48.
[151] 张昊智 . 中学教师心理契约、组织支持感与职业倦怠的关系研究 [D]. 长春：东北师范大学，2009.
[152] 张红，郭田友 . 高等职业院校教师职业自我效能感现状研究 [J]. 当代职业教育，2018，（3）：81–86.
[153] 张洪春，温中梅 . 高职教师教学能力成熟度模型的研究及应用 [J]. 现代教育管理，2015（9）：115–119.
[154] 张君华，左显兰 . 高等职业院校教师专业发展的内涵及发展途径探讨 [J]. 职教论坛，2008（11）：15–18.
[155] 张丽萍，陈京军，刘艳辉 . 教师职业认同的内涵与结构 [J]. 湖南师范大学教育科学学报，2012，11（03）：104–107.
[156] 张龙 . 高职院校高素质青年教师培养对策 [J]. 中国职业技术教育，2009（34）：55–56.
[157] 张学民，申继亮，林崇德 . 小学教师课堂教学能力构成的研究 [J]. 心

理发展与教育，2003（03）：68–72.

[158] 张雪黎 . 高职院校青年教师专业能力现状及发展对策 [J]. 江西青年职业学院学报，2016，26（02）：27–31.

[159] 张轶文，甘怡群 . 中文版 Utrecht 工作投入量表（UWES）的信效度检验 [J]. 中国临床心理学杂志，2005（03）：268–270，281.

[160] 张志明 . 当前高校青年教师教学能力现状及提高策略 [J]. 邢台学院学报，2010，25（03）：86–88.

[161] 赵丹僖 . 图书情报领域中内容分析法研究进展与趋势 [J]. 图书馆学研究，2008（2）：6–8，11.

[162] 赵丽杰，顾立志 . 试论高校教师教学中的情感因素 [J]. 中国高教研究，2001（07）：86–87.

[163] 赵联 . 高校思想政治理论课教师职业认同状况调查研究 [J]. 教育学术月刊，2014：92–96，106.

[164] 赵伟 . 高职实践课教师专业能力发展的阶段递进 [J]. 中国高等教育，2011（22）：36–37.

[165] 赵玉芳，毕重增 . 中学教师职业倦怠状况及影响因素的研究 [J]. 心理发展与教育，2003（01）：80–84.

[166] 钟祖荣，张莉娜 . 教师专业发展阶段的调查研究及其对职后教师教育的启示 [J]. 教师教育研究，2012（6）：20–25.

[167] 周建松 . 试析高职院校青年教师的培养理念及其目标 [J]. 黑龙江高教研究，2012，30（1）：95–96.

[168] 周敏，熊仕勇 . 校本培训模式与高校青年教师的专业化 [J]. 中国青年研究，2008（08）：94–97.

[169] 周萍，纪志成 . 青年教师教学能力调查分析 [J]. 中国大学教学，2011（02）：81–83.

[170] 朱正平 . 工学结合视阈下的高等职业院校教师专业发展 [J]. 职业技术教育，2009（16）：59–62.

[171] 庄建东 . 新建本科院校教师专业发展研究 [D]. 济南：山东师范大学，2009.

[172] 庄丽丽，刘楚佳 . 高职教师的专业发展：以教学名师为视角 [J]. 广州城市职业学院学报，2009，3（2）：12–17.